启功口述历史

U0128570

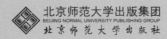

北京师范大学出版集团
BEIJING NORMAL UNIVERSITY PUBLISHING GROUP
北京师范大学出版社

图书在版编目（CIP）数据

启功口述历史／启功口述；赵仁珪，章景怀整理．—北京：
北京师范大学出版社，2004.7（2024.7重印）
ISBN 978-7-303-07019-0

Ⅰ.①启… Ⅱ.①启… ②赵… ③章… Ⅲ.①启功－自
传 Ⅳ.① K825.72

中国版本图书馆 CIP 数据核字（2004）第 057694 号

图书意见反馈　gaozhifk@bnupg.com　010-58805079

QIGONG KOUSHU LISHI

出版发行：北京师范大学出版社 www.bnupg.com
　　　　　北京市西城区新街口外大街 12-3 号
　　　　　邮政编码：100088
印　　刷：北京盛通印刷股份有限公司
经　　销：全国新华书店
开　　本：787 mm × 1092 mm　1/16
印　　张：14
字　　数：200 千字
版　　次：2009 年 4 月第 2 版
印　　次：2024 年 7 月第 2 次印刷
定　　价：88.00 元

策划编辑：卫　兵　　　　　责任编辑：卫　兵
美术编辑：焦　丽　李向昕　　装帧设计：焦　丽　李向昕
责任校对：陈　民　　　　　责任印制：马　洁

启功先生

目录

第一章　我的家族

一、我的姓氏和世系

我叫启功，字元白，也作元伯，是满洲族人，简称满族人，属正蓝旗。自 1931 年日本军国主义发动"九一八"事变，在满洲建立伪满洲国后，大多数满洲人就不愿意把自己和"满洲"这两个字联系在一起了。但那是日本人造的孽，是他们侵略了"满洲"，分裂了中国，这不能赖满洲族人。日本强行建立伪满洲国，想把满洲族人变成"满洲国"人，这是对满洲人的极大侮辱。后来日本又把溥仪弄到满洲，让他先当执政，后当皇帝。如果他从大清皇帝的宝座上退位后，变着法儿地想复辟，重登帝位，那也是他自己的事，与我们满洲人无关；但由日本人扶持，做日本人控制下的傀儡皇帝，那就是对满洲族人的极大侮辱了。溥仪有一个号叫"浩然"，不管他叫溥仪也好，还是叫浩然也好，不管他真"浩然"也好，还是假"浩然"也好，这都是他自己的事，与我们无关；但他一旦叫了"满洲国"的皇帝，就与我们有关了。这等于把耻辱强加在所有满洲族人的身上，使他个人的耻辱成为所有满洲族人的耻辱。这是我们所不能允许的，也是我们不能承认的。我们是满洲族，但不是"满洲国"的族；我们是满洲族的人，但不是"满洲国"的人，这是我首先要声明和澄清的。

满洲族的姓很多。满语称姓氏为"哈拉"。很多满语的姓都有对应的汉姓。如"完颜"氏，是从金朝就传下来的姓，音译成汉姓就是"王"；"瓜尔佳"氏，音译成汉姓就是"关"。所以现在很多姓王的、姓关的，都是完颜氏和瓜尔佳氏的后代，当然更多的是原来的汉姓。这也是民族融合的一种体现。我曾写过一篇《谈清代少数民族姓名的改译》的文章，登在《清华大学学报》2002 年第 4 期上，专谈有关这方面的事情。

我既然叫启功，当然就是姓启名功。有的人说：您不是姓爱新觉罗名启功吗？很多人给我写信都这样写我的名和姓，有的还用新式标点，在爱新觉罗和启功中间加一点。还有人叫我"金启功"。对此，我要正名一下。"爱新"是女真语，作为姓，自金朝就有了，按意译就是"金"，但那时没有"觉罗"这两个字。"觉罗"是根据满语 jioro 的音译。它原来有独自的意思。按清制：称努尔哈赤的父亲塔克世为大宗，他的直系子孙为"宗室"，束金黄带，俗称"黄带子"，塔克世的父亲觉昌安兄弟共六人，俗称"六祖"，对这些非塔克世——努尔哈赤"大宗"的伯、叔、兄、弟的后裔称"觉罗"，束红带，俗称"红带子"，族籍也由宗人府掌管，政治经济上也享有特权，直到清亡后才废除。清朝时，把这个"觉罗"当作语尾，加到某一姓上，如著名作家老舍先生，原来姓"舒舒"氏，后来加上"觉罗"，就叫"舒舒觉罗"，而老舍又从"舒舒"中取第一个"舒"字做自己的姓，又把第二个舒字拆成"舍"字和"予"字，做自己的名字，就叫舒舍予。同样，也把"觉罗"这个语尾，加到"爱新"后面，变成了"爱新觉罗"，作为这一氏族的姓。也就是说，本没有这个姓，它是后人加改而成的。再说，觉罗带有宗室的意思，只不过是"大宗"之外的宗室而已，在清朝灭亡之后，再强调这个觉罗，就更没有意义了。这是从姓氏本身的产生与演变上看，我不愿意以爱新觉罗为姓的原因。

现在很多爱新氏非常夸耀自己的姓，也希望别人称他姓爱新觉罗；别人也愿意这样称他，觉得这是对他的一种恭维。这实际很无聊。当年辛亥革命时，曾提出"驱除靼虏，恢复中华"的口号，成功后，满人都唯恐说自己是满人，那些皇族更唯恐说自己是爱新觉罗。后来当局者也认为这一口号有些局限性，又提出要"五族共荣"，形势缓和了一些，但解放后，那些爱新氏，仍忌讳说自己是爱新觉罗，怕别人说他们对已经灭亡的旧社会、旧势力、旧天堂念念不忘。到了"文化大革命"，只要说自己姓爱新觉罗，那自然就是封建余孽，牛鬼蛇神，人人避之唯恐不及。"文革"后落实民族政策，少数民族不再受歧视，甚至吃香了，于是又出现以姓爱新觉罗为荣的现象，自诩自得，人恭人敬，沆瀣一气，形成风气。我觉得真是无聊，用最通俗的话说就是"没劲"。事实证明，爱新觉罗如果真的能作为一个姓，它的辱也罢，荣也罢，完全要听政治的摆布，这还有什么好夸耀的呢？何必还抱着它津津乐道呢？这是我从感情上不愿以爱新觉罗为姓的原因。二十世纪80年代一些爱新觉罗家族的人，想以这个家族的名义开一个书画展，邀我参加。我对这样的名义不感兴趣，于是写了这样两首诗，题为《族人作书画，犹以姓氏相矜，征书同展，拈此辞之，二首》：

闻道乌衣燕，新雏话旧家。谁知王逸少，曾不署琅琊。

半臂残袍袖，何堪共作场。不

我的家族

须呼鲍老，久已自郎当。

第一首的意思是说，即使像王、谢那样的世家望族，也难免要经历"旧时王谢堂前燕，飞入寻常百姓家"的沧桑变化，真正有本事的人是不以自己的家族为重的，就像王羲之那样，他在署名时，从来不标榜自己是高贵的琅琊王家的后人，但谁又能说他不是"书圣"呢！同样，我们现在写字画画，只应求工求好，何必非要标榜自己是爱新觉罗之后呢？第二首的意思是说，我就像古时戏剧舞台上的丑角"鲍老"，本来就衣衫褴褛，貌不惊人，郎当已久，怎么能配得上和你们共演这么高雅的戏呢？即使要找捧场的也别找我啊。我这两首诗也许会得罪那些同族的人，但这是我真实的想法。说到这儿，我想起了一件笑谈：一次，我和朱家溍先生去故宫，他开玩笑地对我说："到君家故宅了。"我连忙纠正道："不，是到'君'家故宅了。"因为清朝的故宫是接手明朝朱家旧业的。说罢，我们俩不由得相视大笑。其实，这故宫既不是我家的故宅，也不是朱家的故宅，和我们没任何关系。别人也用不着给我们往上安，我们也用不着往上攀，也根本不想往上攀。

但偏偏有人喜好这一套。有人给我写信，爱写"爱新觉罗·启功"收，开始我只是一笑了之。后来

越来越多。我索性标明"查无此人，请退回。"确实啊，不信你查查我的身份证、户口本，以及所有正式的档案材料，从来没有"爱新觉罗·启功"那样一个人，而只有启功这样一个人，那"爱新觉罗·启功"当然就不是我了。

要管我叫"金启功"，那更是我从感情上所不能接受的。前边说过，满语"爱新"，就是汉语"金"的意思。有些"爱新"氏在民族融合的过程中，早早改姓"金"，这不足为奇。但我们这支一直没改。清朝灭亡后，按照袁世凯的清室优待条件，所有的爱新觉罗氏都改姓金。但我们家上上下下都十分痛恨袁世凯，他这个人出尔反尔，朝令夕改，一点信誉也不讲，是个十足的、狡诈的政客和独裁者。我祖父在临死前给我讲了两件事，也可以算对我的遗嘱。其中一件就是："你决不许姓金。你要是姓了金就不是我的孙子。"我谨记遗命，所以坚决反对别人叫我金启功，因为这对我已不是随俗改姓的问题，而是姓了金，就等于违背了祖训，投降了袁世凯的大问题。至于我曾被迫地、短暂地、在纸片上被冒姓过一回金，那是事出有因的后话。

总之，我就叫启功，姓启名功。姓启有什么不好的呢？当年

治水的民族英雄大禹的儿子就叫"启"。所以，我有一方闲章叫"功在禹下"，"禹下"就指"启"。我还有两方小闲章，用意也在强调我的姓，用的是《论语》中曾子所说的两句话："启予手"，"启予足"。意为要保身自重（图一）。有一个很聪明的人见到我这两枚闲章便对我说："启先生参加我们的篮球队、足球队吧。"我问："为什么啊？"他说："可以'启予手，启予足'啊。"我听了不由得大笑。我很喜欢这几方闲章，经常盖在我的书法作品上。

要说姓，还有一个小插曲。我从来没姓过爱新觉罗，也没姓过金，但姓过一回"取"。原来在考小学张榜时，我是第四名，姓名却写作"取功"，不知我报名时，为我填写相关材料的那位先生是哪儿的人，这位"qi""qu"不分，而且不写"曲"，偏写"取"，于是我就姓了一回很怪的"取"，这倒是事实。

我虽然不愿称自己是爱新觉罗，但我确实是清代皇族后裔。我在这里简述一下我的家世，并不是想炫耀自己的贵族出身，炫耀自己的祖上曾阔过。其实，从我的上好几代，家世已经没落了。之所以要简述一下，是因为其中的很多事是和中国近代史密切相

我的家族

关的。我从先人那里得到的一些见闻也许能对这段历史有所印证和补充。现在有一个学科很时髦，叫"文献学"。其实，从原始含义来说，文是文，献是献。早在《尚书》中就有"万邦黎献共惟帝臣"的说法，孔颖达注曰："献，贤也。"孔子在《论语》中也说过："殷礼，吾能言之，宋不足征也，文献不足故也。"朱熹注曰："文，典籍也；献，贤也。"可见，"文"原是指书面的文字记载，"献"是指博闻的贤人的口头传闻。我从长辈那里听到的一些见闻，也许会补充一些文献中"献"的部分。当然，因为多是一些世代相传的听闻，也难免在一些细节上有不够详尽准确的地方。

我是雍正皇帝的第九代孙。雍正的第四子名弘历，他继承了皇位，就是乾隆皇帝。雍正的第五子名弘昼，只比弘历晚出生一个时辰，当然他们是异母兄弟。乾隆即位后，封弘昼为和亲王。我们这支就是和亲王的后代。

弘字辈往下排为永、绵、奕、载、溥、毓、恒、启。永、绵、奕、载四个字是根据乾隆恭维太后的诗句"永绵奕载奉慈帏"而来的。"奕"有高大美好的意思，全句意为"以永久、绵长的美好岁月来敬孝慈祥的母亲"，也可谓极尽讨好之能事了。溥、毓、恒、启四个字是后续上去的，没有什么讲头。

我们这一支如果由雍正算第一代，第二代即为雍正第五子和亲王弘昼，第三代为永璧，他是和亲王弘昼的次子，仍袭和亲王。同辈的还有四子永理（即成亲王）、六子永焕，七子永琨等。第四代叫绵循，他是永璧的次子，仍袭王爵，但由和亲王降为和郡王。第五代为奕亨，他是绵循的第三子，已降为贝勒，封辅国将军。同辈的还有四子奕聪、六子奕瑾、九子奕蕊等。按规定，宗室封官爵多为武衔，不但清朝如此，宋朝、明朝也如此，如宋朝的宗室，高一级的封节度使，次一级的封防御使，都是武职。又如明朝的八大山人朱耷，作为宗室，也是封

一　启功用章

武职。所以从奕亨那代起，我家虽都封为将军，但只是个虚衔而已。第六代即为我的高祖，名载崇。他是奕亨的第五子，因是侧室所生，不但被迫分出府门，封爵又降至仅为一等辅国将军。同辈的还有四子载容等。传到第七代有三人。次子名溥良，即是我的曾祖，根据爵位累降的规定，只封为奉国将军。他的哥哥叫溥善，是我的大曾祖，弟弟叫溥兴，是我的三曾祖，也都袭奉国将军。第八代共有五人。我的祖父行大，名毓隆，二叔祖名毓盛，三叔祖、四叔祖皆夭折，五叔祖名毓厚，过继给我大曾祖，六叔祖名毓年。第九代即我的父亲，名恒同，是独生子。如以图表表示，则世系承接关系如下：

1	2	3	4	5
清世宗胤禛（雍正）	清高宗弘历（乾隆）	仁宗颙琰（嘉庆）	宣宗旻宁（道光）	文宗奕詝（咸丰）
	和亲王弘昼	二子永璧	二子绵循	三子奕亨

我的家族

6	7	8	9	10
穆宗载淳、德宗载湉（同治、光绪）	溥仪（宣统）			
五子载崇	二子溥良	长子毓隆	独长子恒同	独长子启功

二、我所知道的乾隆与和亲王

我的九代祖是清世宗雍正皇帝胤禛，这两个字都是不常用的。清朝皇帝的名字一般都很怪，字都很生僻，为的是防止出现更多的避讳字。如康熙最初所立的太子名胤礽（音 réng 或 chéng），人人都要避讳这两个字，甚至这两个音。大家知道，清朝有一个著名的词人叫纳兰成德（容若），后来一度改为纳兰性德，就是为了避讳 chéng 这个音。但胤礽被废后，后人仍管纳兰叫性德就不对了。因为他死后，亲朋在吊唁时，都称他为成容若。胤礽被废后，立为理亲王，与礼亲王昭梿等都属于"世袭罔替"的"八家铁帽子王"。理亲王的谥法为"密"，这不是好字眼。后来胤禛当了皇帝（雍正），于是同辈的人为避讳"胤"字，而改为"允"字。雍正只特许他喜欢的怡亲王胤祥可以不避，但他自己不敢，还是自动改为允祥。

雍正有十个儿子。长子早在乾隆出生的前七年，即康熙四十三年死去，二子、三子、七子、八子、九子、十子皆夭折。六子又过继给别人。所以这里面只有四子弘历与五子弘昼有继承皇位的可能。后来弘历当了皇帝，这就是清高

宗乾隆皇帝，而弘昼只能被封为和亲王。在争夺帝位的过程中，他们两人的关系十分复杂微妙。其中生辰是一个关键。弘昼只比弘历晚出生一个时辰，但就是这一个时辰决定了他们终身的兄弟地位，进而决定了他们终身的君臣地位。弟弟虽被封为亲王，但在皇帝哥哥面前只能永远是臣子。

他们之间的关系之所以复杂，还有一个特殊的背景。按清制：某后妃生了孩子，必须交给另外的后妃去抚养，即亲生的母亲不能直接抚养亲生的儿子，目的是避

免母子关系过于亲密而联合起来有所企图，甚至谋求皇位。这是皇室和皇帝最忌讳的事。为此不惜割断母子之间的血缘亲情，用心可谓良苦。和亲王是雍正耿氏妃所生（后被封为裕妃，地位在诸妃之上，死后被尊为纯悫皇贵妃），而抚养他的恰恰是乾隆的生母（雍正时封为熹妃，乾隆即位后，禀雍正遗命，尊为孝圣宪皇太后）。而乾隆生下后又被别人所抚养。人的感情是复杂的。虽然天下的母亲没有不爱自己亲生骨肉的，但对从小就把他拉扯大的孩子也会产生深厚的感情；而对虽为亲子，却从来没亲自抚养过的孩子，感情上就未免容易隔阂或疏远。乾隆的生母就是这样的人，她虽不是和亲王的生母，但从小把他抚养大，对他感情非常深，喜爱的程度远远超出亲生儿子乾隆。乾隆长大后当然非常了解这种感情和这层关系，特别是当了皇帝之后，更不得不时时加以提防。因为自己当了皇帝，生母就是太后。太后在清朝有很大的权力，甚至是废立大权。乾隆总担心太后因喜爱和亲王就借故废掉自己而立和亲王。所以乾隆不得不采取极为谨慎、周密的策略和办法。他一方面对太后十分恭敬，晨昏定省，礼仪上格外尊崇，甚至大兴土木，修建大报恩寺（即后来的颐和园主建筑）为太后做寿。另一方面就是处处带着太后，表面上是向外界表示母慈子孝，自己时时侍奉在太后的左右。实际上是随时看着她，隔开她与和亲王的联系。与其交给别人看着，总不如自己看着更放心。但史家却往往没有看透这一点。《清史稿·后妃传》在记载乾隆生母时称：

> 高宗事太后孝，以天下养。……太后偶言顺天府东有废寺，当重修，上从之。……上每出巡幸，辄奉太后行。南巡者三，东巡者三，幸五台者三，幸中州者一，谒孝陵，狝木兰，岁必至焉。遇万寿，率王大臣奉觞称庆。……庆典以次加隆。……先以上亲制诗文（前边提到的"永绵奕载奉慈怙"就是这类诗文）、书画，次则……诸外国珍品，靡不具备。

如果把"奉太后""南巡、东巡"等解释为"孝敬"，也许勉强可通，但"狝木兰"就令人费解了。木兰是满语"吹哨引鹿"的意思，清朝皇帝常于每年秋率王公大臣到围场打猎习武，称"木兰秋狝"，称其地为木兰围场。后来这个制度与这个围场都逐渐废弛，围场成了放牧垦田的地方，于是索性改为"围场县"，今属河北省。显然，"木兰秋狝"，就是当时的军事演习，这和太后有什么直接关系？为什么也非要带着她？而且非要等她病重后才把她送回承德的避暑山庄？这不明明是对太后存有疑虑，才时时带在身边吗？

后来有一位著名的学者叫王伯祥，著述甚丰，虽有很多在抗日战争中毁于战火，但有一部《乾隆以来系年要录》尚存，这个名字是套用宋人李心传《建炎以来系年要录》而来的，但"建炎以来"是南宋在江南另开基业，套用到"乾隆以来"未见得准合适。书中用大量的篇幅大谈特谈乾隆如何每日亲侍太后左右，他们之间如何的母慈子孝，把这些当成煞有介事的美谈。这只说出了表面现象，而没有看到深层原因，即不了解乾隆为什么要如此孝顺太后。他表面上做得很堂皇，像个大孝子，但实际上是另有考虑。这是很多修清史的人，包括我很尊敬的王伯祥老所不知的。我曾为这本书写过一篇跋，虽然没有直接道破这一点，但有一段话却是针对类似所有这样的现象而发的：

后世秉笔记帝王事迹之书，号曰"实录"，观其命名，已堪失笑。夫人每日饮食，未闻言吃真饭，喝真水，以其无待申明，而人所共知其非伪者。史书自名实录，盖已先恐人疑其不实矣。又实录开卷之始，首书帝王之徽号，昏庸者亦曰"神圣"，童骏者亦曰"文武"，是自第一行即已示人以不实矣。

这是我很得意的一段文字，得到叶圣陶老"此事可通读报章"的称赞。

"和王"满语叫"和硕"，意为四分之一，一角，相当于英语的 quarter，即他的爵位享有皇帝四分之一的权力。其实雍正在挑选继嗣时非常慎重，对他们从小就进行观察，多次通过不同的方式方法进行试探，测验弘历与弘昼兄弟的喜好、性格、志向、能力。当乾隆与和亲王还在上书房念书的时候，雍正就常让太监拿一些小东西、小玩意儿，如小盒子、图章等赏给这两位阿哥（太监在皇帝面前一律称皇子为"阿哥"），平时见面时也常如此。这些东西多少有些志趣尊卑的象征性。雍正本希望乾隆能拿到好的，但乾隆总抢不过和亲王，好东西每次都被他抢走，这种"抢尖儿"的行为也很能反映一个人的性格。所以雍正最终选定乾隆是经过深思熟虑的。一旦决定后，就把他的名字作为皇位继承者放在神圣的乾清宫"正大光明"的匾额后面，以示郑重。（后来我发现，这四个字是根据位于西华门内路北咸安宫门两侧的刻石翻拓的，一边是"正大"两字，一边是"光明"两字，这四个字是顺治皇帝所书。原拓片在台湾，现在挂在太和殿上的是重拓的，墨迹不如原来的浓）但弘昼却不这样想。他对自己因只比乾隆晚生一个时辰而没能当上皇帝始终耿耿于怀，说不定还会怀疑是不是有人在里面做了手脚，因为那时还没有准确的计时方法，更没有准确的接生记录，早一时辰，晚一时辰，只是那么一报而已。日久天长，他的心理难免有些变态。再加上自小受到太后的宠爱，有恃无恐，所以脾气禀性颇为怪异。他喜欢自己做点小玩意儿，家里盆盆罐罐的小摆设以及一些祭祀的用品都是纸糊的。每到吃饭的时候就让佣人跪一院子，大哭举哀，他自己在上面边吃边乐，觉得很痛快。前面提到的"铁帽子王"之一的礼亲王昭梿，曾编过一本《啸亭杂录》，书中多记宫中之事，这是一般人所不敢写的，只有像他那样地位的人才敢这样写，因此在清史研究中是一部很重要的书。我曾买得此书中的两卷，是一般版本中所没有的，后交给中华书局，以补足原来的不足。书中有一条叫"和王预凶"，说的就是这件事。"凶"是五礼之一，五礼包括"吉""凶""军""宾""嘉"五

种，即以吉礼敬鬼神，以凶礼哀邦国，以宾礼亲宾客，以军礼诛不虞，以嘉礼和姻好。和亲王在没死前即预先行凶礼，而且这种礼是哀邦国的，对国家很不吉利。也许他心想这国家反正不是我的。这说明他心理严重失态，而且是有意冲着乾隆来的。乾隆拿他也没办法，还说你既然喜欢做小玩意儿，干脆去负责造办处吧。他于是做了一个小板凳，上面铺上马鞍子，自己骑在上面，还问："哥哥您看怎么样？"乾隆只好尴尬地说"好"。他又马上跪下磕头请罪，说："我在皇上面前失礼了。"气得乾隆无奈地说："这是你找寻我啊，我并没说你有什么不对啊！"这话看似宽宏，实际积怨很深，挑明是你故意寻衅。又如，一次他和乾隆一起到正大光明殿去监考八旗子弟。到了傍晚，他请乾隆先去吃饭，乾隆没答应，他便有意激道："难道您还防备我买通他们不成？"乾隆当时没说什么。第二天和亲王又觉得不妥，向乾隆叩头谢罪，说自己出言不逊，冒犯了天威，请皇上不要计较。乾隆答道："我要是计较，就凭你昨天一句话，就可以把你剁成肉酱！"从中不难看出他们的积怨随时有爆发的可能。这种紧张的关系一直延续到和亲王死去。据说他病重临死时，乾隆曾去看望过

我的家族

他。和亲王挣扎着爬起来在床上给乾隆磕头，一边磕，一边用两手围在头上，比划出帽子样。和亲王的用意是希望乾隆把自己"头上"的这顶"和亲王"的"帽子"永远赏给子孙，就像八家"铁帽子王"那样永远世袭罔替地传下去。也不知乾隆是真不明白还是假不明白，所答非所问地摘下自己的帽子，交给他，说："你是想要我的帽子啊？"众所周知，皇帝的桂冠就是权力的象征。不知乾隆此刻是把这顶帽子当成普通的帽子，还是当成具有特殊意义的帽子。如果是后者，是想让和亲王在生命的最后一刻沾一下这顶桂冠的边，还是讽刺他你到临死也不忘这顶帽子？这只能是见仁见智地任人评说了。但和亲王不算世袭罔替的"铁帽子王"，而他死后乾隆仍让他的儿子永璧多袭了一代和亲王，而永璧的儿子虽不再袭亲王而改袭郡王，也确实对这位弟弟法外开恩了。

《清史稿·诸王传》有一段不到三百字的和亲王传，其中除了对殿试这一段有具体的记载外，其余都是概括的介绍，说他：

少骄抗，上每优容之。……性复侈奢，世宗（雍正）雍邸旧赀，上悉以赐之，故富于他王。好言丧礼，言："人无百年不死者，悉讳为？"尝手订丧仪，坐庭际，使家人祭奠哀泣，岸然饮啖以为乐。做明器象鼎彝盘盂，置几榻侧。……

我的所闻可以和这些记载相印证，并对它们进行一些具体事例的补充。

而太后却总向着和亲王，处处偏袒他，这也是乾隆没奈何的地方。如当时的造币局在北新桥路西，即现在的第五中学一带。当时的铜钱，一面铸有满文的"宝泉"二字，一面铸有汉文的"大清通宝"字样，所以又称"宝泉局"。钱铸好后，由北新桥往南，经铁狮子胡同（今张自忠路）东口运往户部。铁狮子东口路北的大宅子就是和亲王的王府（即后来的段执政府）。那儿有两个门，人称东阿司门、西阿司门（音），昼启夜闭，起守卫作用。一次，造币局的车路过此地，和亲王居然令人把所有的车马通通由东阿司门赶进府内，关上大门，简直和路劫一般。乾隆听到后大怒，决心一定要严惩他一下。按律，截国库的钱要根据情节轻重发配到远近不同的地方。但考虑到太后的因素，又不敢真的把他发配得太远，和大臣商议后，决定采取变通的方法，罚他去守护陵寝。第二天早上，乾隆到太后那里请安，想把此事通报太后。只见太后沉着脸，连头都不抬，只顾自己收拾东西。乾隆搭讪了半天，太后始终一句话都不说。乾隆只好耐着性子，问身边的宫女："太后这是怎么了？"宫女答道："您把和亲王发去守陵，太后不放心，说了：'我怕和亲王受不了，要收拾东西陪他一起去。'"乾隆听罢，只有暗自叫苦，收回成命。乾隆一是怕消息传出去，说太后让自己气跑了，二是仍怕太后与和亲王借此机会勾结在一起。

后来太后还是不高兴，也不和乾隆过话。乾隆只好再去找宫女打探虚实。宫女说："太后说了，'没见过金山、银山是什么样'。"乾隆巴不得能找个机会讨太后欢心，心想这回好办，让户部多凑些金元宝、银元宝往桌上一堆，不就得了吗？果然就这么办了。太后遛弯儿时看到这堆出来的金山、银山高兴得笑了，真有点像"烽火戏诸侯"的翻版。不料接着跟乾隆说："把这些都赏给和亲王吧。他太穷，他但凡有钱何必截宝泉局的钱呢？"乾隆心里叫苦不迭，连忙解释说："这都是我从户部临时借来，请您看着玩儿的。"太后仍然不依，闹得乾隆一点办法都没有，最后只得全都赏给和亲王。太后就这样包庇、纵容和亲王，他明明已是"富于他王"了，还要在乾隆面前为他哭穷。乾隆只能装作顺从，虚以周旋，但心里的怨恨不言而喻，关系也只能越来越僵。直到乾隆三十年

和亲王死后，才算平静下来。和亲王工书，有《稽古集》传世。（图二）

在乾隆时期，和珅是一个重要人物。和珅是一个极富机谋权术的人，在长期的仕宦过程中，权力越来越大，让朝廷和群臣都感到有点尾大不掉了。为了笼络他，乾隆把自己的女儿和孝公主赐婚和珅的儿子丰绅殷德。但乾隆只让女儿称和珅为丈人，而不称公公，这样一来好像自己这一方成了男方，成了女婿，气势上就能占点便宜。这也

二　和亲王弘昼书写的五字联

我的家族

算是一种皇威的体现吧。

乾隆早就说过，执政六十年后即逊政，把政权交给太子——就是后来的嘉庆皇帝。嘉庆只是乾隆的第十五子，为什么能轮上他当皇帝？这里面还有一段鲜为人知的深层原因。嘉庆的生母，据《清史稿》所记为魏佳氏，看起来是旗人的姓，因为旗人的姓常有"某某佳"氏，但"佳"实际上就是"家"，只不过改写成"佳"而已，乾隆皇帝特别喜欢这样改姓氏。现代学者郑天挺的《清史探微》也持这种观点。但实际上她并不是旗人。嘉庆的生母当是江南一个曲艺艺人，是乾隆三幸江南时看中的一位女子。后来，孙殿英盗清陵时，也盗开了她的墓，知道她深受乾隆宠爱必定有许多财宝。结果把她的鞋脱下来找财宝时，竟发现她是小脚。众所周知，旗人妇女是不裹脚的。这个出土的实物铁证，证明她一定是汉人，而不是旗人。所以，所谓的"魏佳氏"，不过是后派上的一个姓。魏佳氏被娶到宫中后，受到乾隆的特别宠爱，并生了一个儿子。自有历史记载以来，凡后妃受宠，必然遭致皇后的妒忌，争风吃醋是后宫的铁定法则和常规游戏。最后魏佳氏被皇后害死，手法大概是灌毒药。据说乾隆一次在南巡到德州时，曾和皇后有一次极为激烈

的争吵，皇后甚至提出要铰发，大有要出家为尼的架势。封建社会提倡身体发肤受之父母，决不能随意毁坏，旗人尤其重视头发，只有在父母死后，儿女才要剪下一缕头发放在父母遗体的手中。可见吵到要铰发的地步一定是非同小可，可能就是为魏佳氏之死而引发的。而乾隆对皇后的铰发非常气愤，认为这是对他的要挟。后来就把皇后废掉。魏佳氏死后，手下的人，为她安排的是水银葬。这也大有深意。当年宋真宗的刘皇后迫害死宋仁宗的生母李妃，并掩盖真相，说自己是仁宗的亲母。当时以吕夷简为首的大臣为了能长期保留李妃的遗体，就是为她实行水银葬，并按皇后的等级为她穿戴。刘皇后知道后大闹，吕夷简对她说，这实际上也是为了保护你们刘家。等到刘皇后死后，大家才告诉仁宗真相。仁宗到寄存李妃灵柩的庙里打开棺材一看，果然面色如生，全身皇后装束，仁宗为之大哭。但荒唐的是，仁宗居然不知怎么处置这件事，不知是否该认自己的生母为太后，又觉得刘皇后终究厚葬了自己的生母，这正如吕夷简所说，实际上保全了刘皇后。当年孙殿英盗墓后，也有魏佳氏面色如生的记载。可见确实施行的是水银葬，这也从侧面证明，当时是有意地模仿前例，把

她按皇后的规格下葬的。乾隆终究比宋仁宗明白，他心爱的妃子被皇后害死了，他就格外喜爱、加倍珍惜她的儿子，进而决定传位于他。这就是嘉庆皇帝。而乾隆废掉皇后后，真是心灰意冷，再也不想立正宫。有一次他到热河的避暑山庄，一位老学究，说穿了就是一个迂腐的书呆子，还拿出那套封建伦理向乾隆建议，说什么后宫不可无主，应该续一位正宫母仪天下。他以为端出这样一套堂而皇之的谀词来拍马一定能得赏，不想，气得乾隆差点把他杀了。

话说回来，到了乾隆六十一年时，乾隆果然对外宣布逊政给嘉庆，朝野就改称嘉庆元年，但在宫中仍继续用乾隆年号纪年，为避弘历的"历"字，不称"时历书"，而称"时宪书"，继续按乾隆六十一年、乾隆六十二年往下排。这说明乾隆虽然偏爱嘉庆，但自己并不想轻易撒手真的逊政，而是要继续把持朝政，亲裁一切大小事宜。上朝时依然坐在宝座上，而嘉庆只能站在一边，所以和珅仍然得到重用。

一回，在朝堂上乾隆与和珅商议选派谁去补现在的某些出缺，嘉庆照例只能在旁边听着，而这二位偏偏不说正式的人名，全用什么"大幺""幺天""大天""虎头"之类的骨牌名来代替。他们俩当然是心照不宣，但嘉庆听起来却是一头雾水。下来后，嘉庆就问和珅："你们刚才说的都是谁？"和珅却不以为然地说："我们爷俩儿的事，您就别问了。"从乾隆这方面来说，他明知嘉庆不会清楚这些骨牌名都代表谁，而偏要这样说，就是有意不让嘉庆知道；从和珅这方面来说，作为佞臣，就要讨主子的欢喜，处处表现对主子的忠心，既然主子不愿直呼其名，自己也就不好把机密泄露出去；但作为新主子，嘉庆没头没脑地在臣子面前碰了这样一个软钉子，心里不能不窝一肚子火。

后来又发生了一件事：乾隆在一次谈话中，流露出想把原来上书房的师傅，后因故放外任的朱珪重新调回京城，主持"阁务"。嘉庆与朱珪有师生之谊，关系亲密，听说这个消息后，自然很高兴，就写了一首诗给他，表示祝贺。不料，这事让和珅知道了，竟把这首诗抄给了乾隆。并煽风点火地说："嗣皇帝欲市恩于师傅。"和珅的目的很明显，他清楚地知道自己权高盖主，得不到嘉庆的好感。如果嘉庆一旦接管了实权，绝没有自己的好果子吃，趁他还没接管大权，扳倒他也不是一点希望没有。如果另立一个年轻无能的新主子，也许还能控制住局面，继续掌权。乾隆拿到这首诗后果然大怒：一来我还没正式决定，你就先透露出去，法度何在？二来这确实有向手下亲密大臣卖人情的嫌疑，以便培植自己的势力。要知道，凡老皇帝到后来，他最大的对手或敌人，不是别人，正是自己的儿子。他们都怕自己的儿子因急于登基反过来把自己废掉，或者另立一套，把自己的既定方针否掉，所以太子在没登基前总有被废的危险。现在乾隆也不例外，他也把这件事与废立联系在一起。于是召集重臣商议如何处置这件事，并把嘉庆的诗当廷示众。当时的权臣除和珅外，还有阿桂、董诰等。阿桂是实力派。雍正时，朝廷实行"改土归流"的政策，即把西南一带世袭执政的土司，改为朝廷指派轮换行政的流官。当地土司不满而纷纷造反。阿桂就是最后攻克四川一带大、小金川，平定叛乱的功臣。当时他动用了大量的火炮，这在那时可是克敌制胜的法宝，一般的部队、一般的情况，不会有这样的装备，可见阿桂当时的地位。解放战争前，从北京城到西山的路两旁，还可以看到很多旧时的炮楼、碉堡，那都是为阿桂练兵进行实战演习修建的。但阿桂是武将，这次该文臣出马了。在乾隆的追问下，董诰经过一番思考只说了五个字："圣主无过言。"这话可理解为：英明的君主从来没有说过错话；也可以理解为：不要让臣子认为君主说过错话。非常含蓄而巧妙地提醒、告诫乾隆：您既然已经决定立嘉庆，就不能轻易改变，否则前边的决定不就成了出尔反尔的"过言"了吗？这就冠冕堂皇地堵住了乾隆想要提出废立的嘴，乾隆听罢也只能默默无语，以别的理由不再召朱珪入京，并嘱咐董诰以后要好好为自己辅佐嘉庆。没想到和珅没能借这个机会扳倒嘉庆，反而使一些老臣更死心塌地站在嘉庆这一边。

当然和珅也不会只把赌注下在一边，他也会抓住机会讨好嘉庆，以表自己早有拥戴之心。早在乾隆六十年，乾隆准备正式册封嘉庆为皇太子，但还没正式公布时，和珅得知后，就抢先向嘉庆献上一柄上等成色的如意，以表拥戴。但这根稻草救不了他的命。据说，嘉庆接过来瞥了一眼，狠狠地把它摔在地上，摔得粉碎，大声质问道："宫里都没见过这么好的东西，你怎么会有？"言下之意，你这贪官贪得也太出格了。

乾隆六十四年，乾隆去世。嘉庆作为儿子，当然要举哀服孝，按一般的官员，须丁忧三年，但国不可一日无君，所以宫中另有一套说辞和规矩，丧期可以通过巧妙的解释而缩短，一天顶好多天，有如现在的打折。所以嘉庆很快就正式即位亲政了。亲政后头一件大事就是解决和珅：先让王念孙上书弹劾和珅种种不法之状，然后由嘉庆下达交刑部严查的命令。拿入刑部后，嘉庆还没敢马上杀他，因为他毕竟在朝野上上下下经营了那么多年，到处都是他的党羽，就像崇祯一开始不敢贸然杀掉魏忠贤一样。而和珅还在狱里作诗，向嘉庆表示忏悔。但嘉庆最终还是没放过他，宣布他犯有二十大罪。这真叫"欲加之罪，何患无辞"。而有讽刺意味的是，第一条大罪就是："蒙皇考册封皇太子，尚未宣布，和珅于初二日在朕前先递如意，以拥戴自居。"可见嘉庆对和珅表面拥戴，实则反对，是多么的痛恨。最后，赐帛令其自尽。而嘉庆的另一项命令就是急召朱珪入朝，任上书房总师傅。

这是和珅的必然下场。有一件事最能说明这一点：当嘉庆还没被正式立为太子，和珅还没倒台，权势如日中天时，众皇子中就出现这样一个笑谈：某阿哥很有自知之明，深知自己绝对不可能当太子，就对其他阿哥说："众位哥哥，如果老皇殡天了，你们都有继承王位和宫中财富的可能，

我自知没那样的好命。就说那机会多如雨点，也落不到我头上。我只有一个请求，哪位哥哥将来当了皇帝，请把和珅住的宅子赏给我，我就心满意足了。"试想，在那个时候，众皇子就惦记上和珅的府第了，他能不倒台吗？这位阿哥最后真的如愿以偿，不但如此，而且在日后朝廷激烈、残酷的倾轧中，居然能安然无恙。因为他早早表示只在财物上有贪心，正表示在政治上没野心，这样，所有在政治场上争斗的人谁也不会拿他当对手，他于是得以保全。历史上这类的事情很多。李后主被俘后，日日思念他旧时的"无限江山"，故苑的"雕栏玉砌"，所以吟咏方毕，牵机（毒药）遂至。正因为他让别人担心还有政治上的不甘心。而蜀后主刘禅，被俘中原后，每日乐不思蜀，反而得以尽其天年，正因为在别人眼里他再也构不成政治威胁，而统治者怕的恰恰是这种政治野心，腐化堕落对他们并无所谓，权位才是最重要的。仅从苟全性命这点上说，谁能说这种人不正是"大智若愚"呢！

历史上有康乾盛世之说。据我看来，康熙、雍正、乾隆三朝，康熙时代最为强盛，雍正次之，乾隆最差。康熙收复台湾、平定

噶尔丹、力败沙俄，签订《尼布楚条约》，使中国的版图空前绝后地广阔，制定了开明的民族政策，重用汉族知识分子，大度而主动拜谒明孝陵，消除了明末遗老的对立情绪，稳定了人心。推行宽松的文化政策，优待人才，并注重选拔人才，促进了清代的文化建设和学术发展。这种势头在乾隆前期还得到保留，乾隆本人也算勤勉。但到了乾隆三十七年以后，情况就截然不同了，这一年川楚"教匪"开始起事，此后愈演愈烈，说明政治统治已发生危机。这一年开始修《四库全书》。《四库全书》本身是一部了不起的书，但乾隆修《四库全书》的重要目的是推行文化专政，钳制文人的言论和思想。所以自雍正以来兴起的文字狱愈演愈烈。大批的学术著作和文学创造被封杀，大量的学者和文人被杀的杀，剐的剐，株连的株连，灭门的灭门。这说明他预感到思想统治也发生了危机，神经变得极为脆弱。这一年开始编纂《贰臣传》、《逆臣传》，将明朝入清继续为官的人，如钱谦益、朱彝尊、毛奇龄等都列入贰臣，把在清朝封官后又反清的人，如吴三桂、耿精忠等都列入逆臣，这说明他对文武大臣和各种人才已存有严重的戒备之心，不再想如何利用他们，而是想如何防范他们。到了这种地步，康乾盛世也就走向穷途末路，而中国封建社会最后的繁荣期也逐渐走向尽头了，封建社会的灭亡已是不可避免的了。

启功高祖父载崇的画

三、我的几位祖上和外祖上

我的曾祖叫溥良，到他那一辈，因爵位累降，只封了个奉国将军，俸禄也剩得微乎其微，连养家糊口都困难。如果仅靠袭爵位，领俸禄，只能是坐吃山空，维持不了多少时候。生活逼迫他必须另谋生路。按清制：有爵位的人是不能下科场求功名的。我的曾祖便毅然决然地辞去封爵，决心走科举考试这条路。所幸，凭着良好的功底（图三），中举登第，入了翰林，先后任礼藩院左侍郎，户部右侍郎，督察院满右都御史、礼部满尚书、礼部尚书、察哈尔都统等职。其实，他最有政绩的还是在江苏学政（相当于江苏教育厅厅长）任上。最初，他被任为广东学政，赴任时，走到苏州，住在拙政园，正赶上八国联军入侵中国，西太后母子匆匆逃往西安，按规定他应该先到朝廷去述职，但此时正值战乱，不能前往，于是又改派为江苏学政。他是一位善于选拔、培育人才的人。凡当时江苏有名的文人学者，大多出其门下。我日后的老师戴绥之（姜福）就是他任上的拔贡。又如张謇（季直），他家与翁同龢家为世家友好，翁同龢曾特别写信嘱咐我曾祖父务必安排好张謇。翁同龢曾任同治、光绪的老师，并几乎任遍六部尚书，还任过中堂，也算是一代名臣，现在来亲自过问张謇的前程。这封信现在还在我手中，因为文笔好，说的又和我家的事相关，我至今还能背下来："吾从事春官，目迷五色，贤郎其一也。我有要好通家，江南张謇，孝友通达。……"翁同龢做过礼部尚书，按《周礼·春官》记载，春官为六官之一，掌礼法、祭祀，后来就成为礼部的代名词。所谓

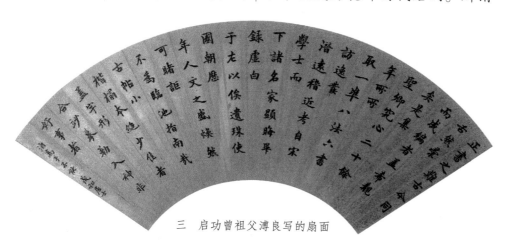

三 启功曾祖父溥良写的扇面

"目迷五色，贤郎其一"是对上次科考，没能看准，因而遗漏了令郎（即我祖父）而表示歉意。我曾祖也是翁同龢的门生，这封信写得又这样富于暗示性，岂敢不听？于是就安排张謇做崇明书院的山长。过了两年，到下一次省试时，他和我祖父两人果然高中，张謇拔得状元，我祖父考中进士，入翰林。

显然，张謇和我祖父的中第与翁同龢的特意安排有关，说白了，这就是当今所说的"猫匿"，但这在当时也是公开的秘密。状元是要由皇帝钦点的，一般情况下都由阅卷大臣排定。他们认为好的卷子，就在上面画一个圈，谁的圈多，谁就排在前面。前十本要呈交皇帝亲自审查，阅卷大臣把他们认为第一的放在最上面，皇帝拿起的第一本就是状元了。下边的就是榜眼、探花，以此类推。其他级别的考试也如此，但也有例外。如乾隆时，有一位尹继善，他是刘墉的学生，曾四任两江总督。两江是清朝财政的主要来源，尤其是盐政，再加上钱、粮，有大量的收入，因此两江总督是朝廷和皇帝非常倚重的要职。某年会试，尹继善参与主持，准备录取的状元是江苏人赵翼（瓯北），他本来学问就好，又是军机章京，

最了解考场的内情，知道什么文章最对路数。但乾隆觉得江苏的状元太多了，想换一个别省的。他特别喜欢尹继善奏折上书一类公文的文笔，又知道这些文笔都出自尹继善手下的幕僚陕西人王杰（伟人），便特意问尹继善："你们陕西有状元吗？""王杰这个人怎么样？"意思是想取王杰，并以此来奖掖尹继善，或者说得更直白些，就是拍尹继善的马屁，为了政治的需要，皇帝有时也要拍大臣的马屁。尹继善自然顺水推舟，于是改取王杰为状元，而把赵翼取为探花，为此赵翼始终耿耿于怀。但科举要服从政治，这是明摆着的道理。

话说回来，张謇也确非等闲之辈。他入仕后，觉得在官场上混没前途，就主动弃官经商，去搞实业，成为洋务派中的重要一员，用现在的话说就是"下海"了。他反过来对翁同龢也有很大的影响，翁同龢的那些较新的思想、知识，多是从张謇那儿来的，颇有点像康有为的许多东西都是从梁启超那儿贩来的一样。而翁同龢为此在守旧派眼中逐渐被视为异己，不断受到排斥。

我曾祖遇到的、最值得一提的是这样一件事：他在任礼部尚书时正赶上西太后（慈禧）和光绪

我的家族

皇帝先后"驾崩"。作为主管礼仪、祭祀之事的最高官员，在西太后临终前要昼夜守候在她下榻的乐寿堂（据史料记载当作仪銮殿）外。其他在京的、够级别的大臣也不例外。就连光绪的皇后隆裕（她是慈禧那条线上的人）也得在这边整天伺候着，连梳洗打扮都顾不上，进进出出时，大臣们也来不及向她请安，都惶惶不可终日，就等着屋里一哭，外边好举哀发丧。西太后得的是痢疾，所以从病危到弥留的时间拉得比较长。候的时间一长，大臣们都有些体力不支，便纷纷坐在台阶上，哪儿哪儿都是，情景非常狼狈。就在宣布西太后临死前，我曾祖父看见一个太监端着一个盖碗从乐寿堂出来，出于职责，就问这个太监端的是什么，太监答道："是老佛爷赏给万岁爷的塌喇。""塌喇"在满语中是酸奶的意思。当时光绪被软禁在中南海的瀛台，之前也从没听说过他有什么急症大病，隆裕皇后也始终在慈禧这边忙活。但送后不久，就由隆裕皇后的太监小德张（张兰德）向太医院正堂宣布光绪皇帝驾崩了。接着这边屋里才哭了起来，表明太后已死，整个乐寿堂跟着哭成一片，在我曾祖父参与主持下举行哀礼。其实，谁也说不清西太后到底是什么时候死的，也许她真的挺到光绪死后，也许早就死了，只是秘不发丧，只有等到宣布光绪死后才发丧。这已成了千古疑案，查太医院的任何档案也不会有真实的记载。但光绪帝在死之前，西太后曾亲赐他一碗"塌喇"，确是我曾祖亲见亲问过的。这显然是一碗毒药。而那位太医院正堂姓张，后来我们家人有病还常请他来看，我们管他叫张大人。

说到这儿，不能不说说西太后和光绪这两个人。后人都很同情光绪而痛恨西太后，认为如果当时能把西太后废掉或干掉，让光绪执政，中国就会走向强盛、万事大吉了。其实不然，光绪是个很无能的皇帝。他生于深宫，长于妇人之手。在西太后的压制下，不能随便说，随便问，随便做，还要随时提防被废。因为已有他的王储"大阿哥"溥儁被废的事情发生过了。（据说溥儁后来很潦倒，成天出入后门桥一带的茶楼酒肆，不知何时默默死去。）所以光绪并不懂国事，更没有实际有效的管理国事的本领和经验，也并不真正懂得如何维新变法。在那矛盾重重、内外交困的局面下，即使他上台，也不可能拿出一套行之有效的办法。

而慈禧这个人却很厉害，她

有手段，有魄力，敢下手。咸丰死后不久，她就敢把当时最有权的宗室领袖肃顺在菜市口杀掉。据李越缦（李慈铭）《越缦堂笔记》的记载和分析，慈禧杀掉肃顺的根本原因，是因为肃顺看不起她，认为她只不过是咸丰的偏宫。她用人有一套，在朝廷上有意不安排自己家族的人，而是用夫家的人。按清制：慈禧做了皇后，她们家的人，如父亲、兄弟都可做承恩公，清初封为一等公，乾隆时才降为三等。娘家称桂公府，当时掌事的人叫贵祥。但实际上，桂公府的人都没任过什么要职。当年英法联军打到北京后，咸丰皇帝带着东太后慈安、西太后慈禧及太子同治，逃到热河。英法联军撤出北京后，咸丰明确地吩咐西太后带着她生的儿子同治回北京，言下之意是自己不准备再回朝执政，而把大权交给西太后和同治了，这也正是西太后日后能独掌大权的原因。而咸丰最后在热河自杀了，至于具体怎么死的不知道。但他指着同治对慈禧特意说的"你带着他走吧"的话，用意是再明显、再清楚不过的了。这恐怕也是史书中缺载的。而同治死后的光绪纯粹是个傀儡，指望他能改变中国的局面和命运是不可能的。

慈禧死后葬在东陵。按清制：皇帝死后，他墓室的门就封上了，之后其他的嫔妃就不能与他合葬，而只能单修一座坟墓。后来西太后的坟被军阀孙殿英盗开了，盗走了无数的珠宝。在此之前，他们先盗了乾隆的墓。这在当时引起了很大的社会反响，尤其引起宗室之人的震怒。载涛写过专门的文章记载过这一事件，我在《世载堂杂议》中还读过徐埴、陈仪等人的有关文章，文中记载盗墓后，慈禧的遗骨被赤裸裸地扔在棺材盖上。解放后我也去参观过乾隆陵和慈禧陵，才知道皇室的棺材是怎样的情景。一般满人的棺材是平顶的，顺着两个坡下来，前边有一个葫芦，钉在合叶上，打开后上边可以挂貂皮，这当然要够等级才行。而陵墓里的棺材实际上就是一个长方形的大躺箱，里边可放置袍褂衣物，外面没有其他的装饰。出殡时现拿木头片钉在棺材外，使两边成坡状，而到了陵墓内，就只保留躺箱了。翁同龢的日记曾有详细的记载，其中即说到东太后慈安死后就是装在躺箱里的。

慈禧的谥号是"慈禧端佑康颐昭豫庄诚寿恭钦美崇熙皇太后"，墓中还有一小牌位，写着"配天兴圣"四个字，《清史稿》缺载。

难为他们是怎么想的，几乎把所有好词都用上了。我前面引用过我文章中的一段话："后世秉笔记帝王事迹之书，号曰'实录'……实录开卷之始，首书帝王之徽号，昏庸者亦曰神圣，童騃者亦曰文武，是自第一行即已示人以不实矣。"西太后虽不是昏庸、童騃的问题，但加上如此多的桂冠，这也是"实录"不实的典型例证之一。

我的大曾祖溥善袭奉国将军，没下过科场，也没做过什么大官。我的三曾祖，也袭奉国将军，他和我曾祖一样，也决心走科考道路，靠自己的努力走上仕途。但他觉得自己的汉文不行，便习满文，考武举，补满缺，后来他还主考过满文，最后官至翰林。

我的祖父这一代兄弟共六人，祖父毓隆行大。二叔祖名毓盛，他有个孩子，我管他叫五叔，小时常在一起玩，后来不知怎的就死了。三叔祖和四叔祖都夭折。五叔祖名毓厚，后过继给我大曾祖。他有三个儿子，二儿子活到解放后，三儿子在"文革"中服毒自杀了。还有六叔祖毓年。我的祖父更没有爵位可依靠，在我曾祖的影响下，也走了靠科考博取功名的道路。他十八岁中举，二十一岁考上翰林，任过典礼院学士、安徽学政、四川主考等职，善书画（图

四、五）。二叔祖毓盛也做过理藩院部曹一类的中下级官员。后来得瘟疫，他凭懂点医术，自己开药。据说有一味石膏，要讲究配伍，他搞错了，结果服药后不久就死了。

我外祖的家系要从外高祖赛尚阿谈起。他是蒙古正蓝旗人。他是个能文能武的人，中过举，曾任过内阁学士，理藩院尚书，又授予过头等侍卫，任过钦差大臣，到天津负责防治海疆，统帅过最新成立的洋枪队，因训练有素，受到过嘉奖。最后官至步军统领，协办大学士（图六～八）。后来洪秀全在广西起义，朝廷就派他为钦差大臣前往镇压。他与洪秀全等人从广西一直转战到湖南。开始，还有些战功，但当时的起义军正处于方兴未艾、蓬勃发展的时期，势如破竹，临时拼凑的官军自然难以抵挡。在后来的永安战

役、长沙战役中便连连失利。朝廷怪罪下来，革职押解进京，经会审，"论大辟，籍其家，三子并褫职"。而他自己的辩解是不忍在战场上杀人太多。这说明他终究

四　启功祖父毓隆的墨迹

五　启功祖父毓隆的扇面

是一个宽厚的人，但战场上的事实在说不清。后来幸亏有人为他说情，才得以释放，发配过戍边，又训练过察哈尔的蒙古兵，最后授了一个正红旗蒙古副都统。

他有五个儿子。大儿子和四儿子的情况我不知道。他二儿子一家住在西北时，全都让阿古柏杀了。后来，朝廷派左宗棠前去镇压，把阿古柏一直赶到了沙俄。有一位史学家写过一本书叫《回民起义》。主题是把阿古柏当做农民起义加以歌颂。那时有一种普遍的观点：凡是反朝廷起事的都是农民起义，阿古柏也如此，应该歌颂。写好后，他托陈垣老校长国庆节上天安门

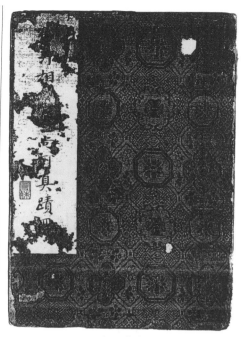

六 赛尚阿真迹册叶封面

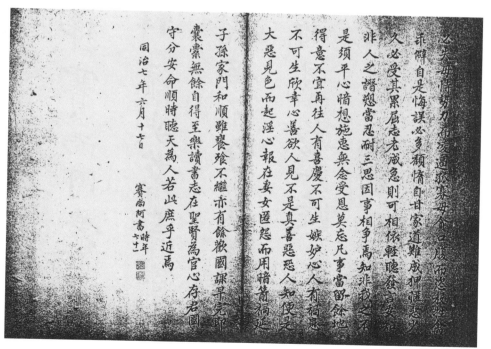

七 启功外高祖赛尚阿的墨迹，附启功跋

29

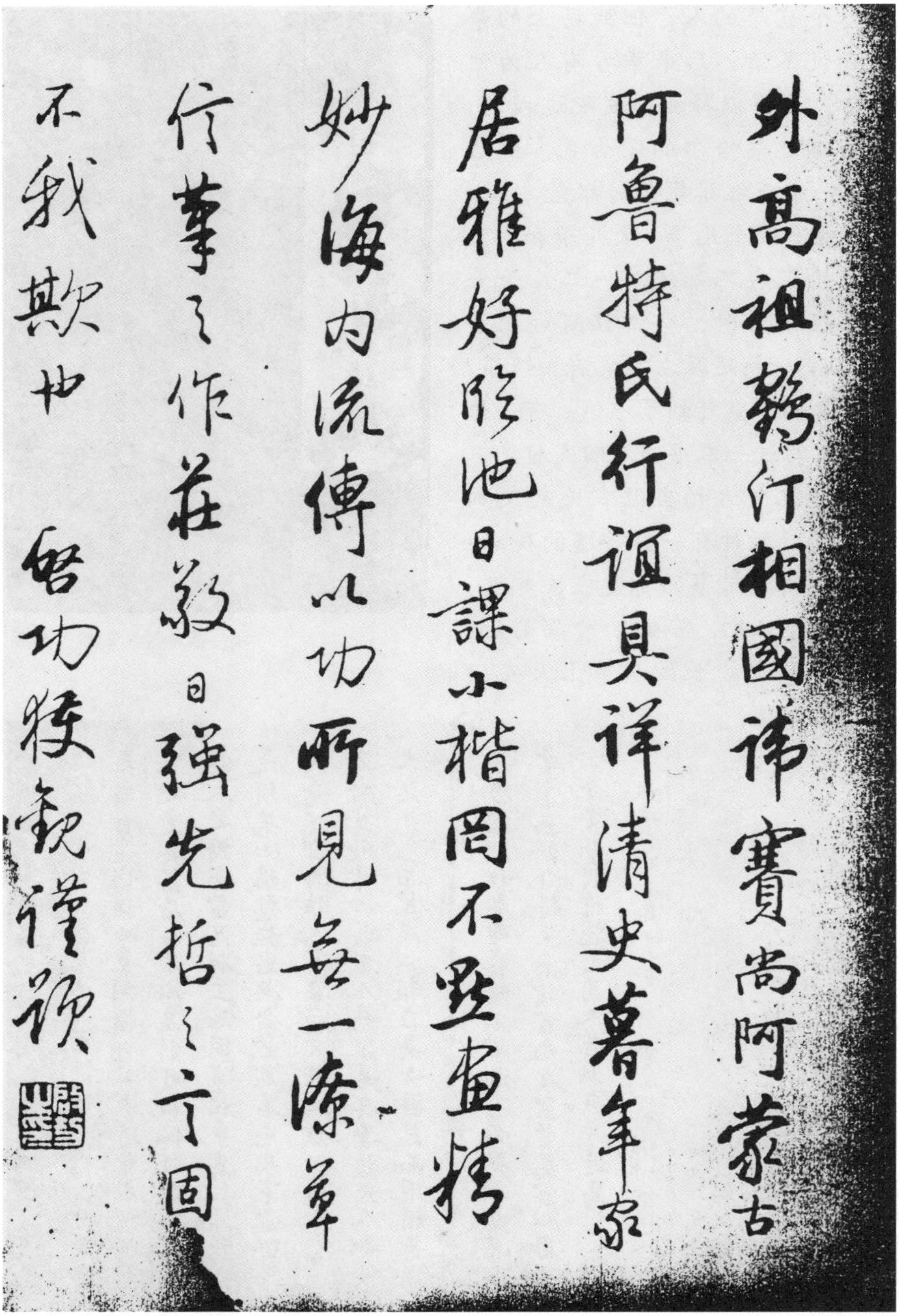

外高祖鶴汀相國諱寶尚阿蒙古
阿魯特氏行誼具詳清史署年家
居雅好脩池日課小楷間不竝畫特
妙海內流傳以功所見无一瘝草
行筆之作莊敬曰强先哲之言固
不我欺也　啟功獲觀謹識

八　啟功跋

时带给毛主席。后来此书就销声匿迹了。据说外交部曾明文指示，阿古柏算分裂分子，而不能算农民起义。后来我在西单商场一间卖处理书的旧书店里看到满书架都是《回民起义》。看来对历史问题的评价确实应该慎重。

三儿子名崇绮（音 yǐ），也就是我的三外曾祖。崇绮和崇绮一家非常富有传奇色彩。崇绮也决心走科举之路。但他参加考试时，由于父亲赛尚阿刚判过大罪，也算有"历史问题"和"家庭出身问题"，所以不能参加官卷考试，而只能参加民卷考试。按清制：凡高级官员子弟参加科举考试，都要另编字号，另加评定，按比例单独录取，试卷上都注有"官"字，名为"官卷"。民卷则为一般试题。他学问很好，卷子上的文章做得也好，字写得也很漂亮。递上去的前十本内，就有他的，主考官也不知道这里面有旗人。因为按祖宗传下来的规矩，凡是旗人是不能取为三甲的，三甲要留给汉人，为的是以此笼络汉族知识分子，这也算是清朝比较开明的民族政策和"统战"政策吧。阅卷官把选出的前十本按次序呈给同治皇帝亲览。第一本就是我三外曾祖崇绮的。如前所述，这第一本就应该是状元。但同治看完后，

才知道这是崇绮的卷子。录取吧，于规矩不合，因为他是旗人，又是罪人之子；不录取吧，又明明考第一，并无任何作弊的嫌疑，于崇绮本人一点责任都没有。同治十分为难，便找来大学士灵桂、瑞常等人商议。灵桂认为，这虽不合规矩，但绝不是有意为之，纯属偶然巧合，不妨把它视为科考佳话。于是同治法外开恩，录取崇绮为状元，授予修撰之职。按：新科进士一般授予馆职中的编修、修撰和检校三种职务，编修相当于今天的编审，修撰相当于编辑，检校相当于校对。崇绮是清朝开国以来，旗人第一位由民卷而考中的状元。《清史稿》说："立国二百数十年，满蒙人试汉文而授修撰者，只崇绮一人，士论荣之。"后来官至内阁大学士，还做过大阿哥溥儁的师父，"可惜"大阿哥后来被废，要不然他就当上太傅了。

崇绮的女儿是同治的皇后，封号为孝哲皇后。崇绮自然也被封为三等承恩公。后来同治病死，西太后总迁怒于她，认为是她没伺候好同治，对她百般挑剔，处处为难，十分蛮横。她觉得实在没有活路了，就想自杀，又找不到自杀的办法，就把父亲崇绮叫去，商量怎么办。崇绮跪在帘子外——

这是宫里的规矩，女儿做了皇后，父亲见她也要行君臣大礼——问她："不吃行不行？"她说"行"。于是最后决定采取绝食而死的办法。试想这是一幕多么惨不忍睹的情景：女儿没有活路，又无人救助，请来父亲，父亲不但束手无策，还要跪倒在封建礼教前，替女儿出主意怎样去死。这真称得上是"君让臣死，臣不敢不死"的典型了。崇绮女儿绝食几天后，西太后曾看过她一回，给她调了一匙杏仁粥，她不敢不喝。这样又多活了两天，最后还是悲惨地饿死了。但史书上又是怎么记载的？《清史稿》居然说："初，穆宗崩，孝哲皇后以身殉，崇绮不自安，故再引疾（称病）。"明明是被迫自杀，却说是"以身殉"；既然是以身殉，那就是大"节烈"，父亲又何必"不自安"地引退？这不明明是瞪着眼睛说瞎话吗？唉，历史书啊，真不能随便相信。

还有更悲惨的事情。八国联军打向北京时，崇绮算是护驾，随着西太后一直逃向西安。为西太后赶车的把式叫杨使（音）。他不敢像一般车夫那样坐在车的跨沿上，只能在地上小心地拉着牲口，就这样一直拉到西安。后来回到北京，西太后竟赏他一个四品顶戴。我三外曾祖自己坐的车，

走到保定附近车轴断了，只好住在保定的莲池书院。这时，他接到一封家信，打开一看是他儿子郑重其事写的《叩辞严亲禀》。他的儿子叫葆初，我母亲叫他"葆大叔"。原来八国联军攻占北京后，他和母亲未能带全家护驾西太后，觉得像自己这样皇亲国戚的身份，应该遵循"主辱臣死"的古训，再加之崇绮是倾向义和团的，而这时慈禧由利用义和团转而出卖义和团，于是崇绮的妻子和儿子葆初决定带全家自杀殉国。他们选的是一个叫朝阳洞的地窖，它具体在哪儿，我到现在也不清楚。他们挖了两个地窖，分男女层层躺到里面，下面铺上褥子，上面盖上单子，然后让人层层埋上土，等于自我活埋，全部被闷死。事后挖开安葬，还能看到因窒息而挣扎的痛苦的样子，十分恐怖。在自杀前，葆初给远随西太后避难的父亲写了这封信，报告了母亲和自己的决定。崇绮接到这封信后，知道全家死得如此惨烈，真是肝肠寸断，痛不欲生。加上自己因车坏，再也无法赶上西太后，便在窗户棂上上吊自杀了。这样一来，我三外曾祖一家全都死光了。八国联军攻进北京后，确实有大量的王公贵戚自杀殉国，对这种现象如何评价，我一直想不

我的家族

清楚，也就不好妄加评论了。事变平息后，西太后回到北京，给了崇绮很高的优惠待遇，以奉旨进京的名义，恩准把他的灵柩运回北京发葬，灵柩前放着一只白公鸡，称领魂鸡。我三外曾祖生前和翁同龢过往密切，我现在还保留着几封他给翁同龢的手札。

我外高祖的五儿子，叫崇纲，就是我的外曾祖，他精通满文，做过驻藏帮办大臣。他由西藏回来后住在香饵胡同。我的外祖和三外祖，都是他的儿子。我的三外祖叫克诚，也懂满文和蒙文，他参加我三曾祖的主考时，还发现他出的满文题目有错误。后来曾担任过咸安宫的满文教习。我的外祖叫克昌，他的二伯父一家让阿古柏都杀了，他便继承了他二伯父的爵位，由于他二伯父算是阵亡将士，所以从优封他为骑都尉和云骑尉双重职位。我的外祖母

死后，外祖精神上受到很大打击，他一直把外祖母生前住的屋子锁着。直到他故去以后，别人才打开，里边乱七八糟的。这时，家里只剩下我母亲孤零零的一个人了。后来就把她送到我三外祖家去过。我三外祖从精神上很体贴她，特意吩咐自己的孩子，即我的姨、舅等，都管她叫"亲姐姐"，免得她有孤独疏远、依傍他人的感觉。我的三外祖在民国前后曾在"瀛贝勒"（溥雪斋的父亲）府教家馆，也在我们家教书。学生只有两个，一个是我八叔祖，一个是我父亲（图九）。当时，我的八叔祖已定婚，而我的父亲还没有。于是他就把寄居在他家的、我的母亲许配给他。但没想到我父亲有肺病，当年那可是绝症。所以母亲过门一年后生了我，第二年父亲便过世了。

我的母亲命真苦。在娘家时

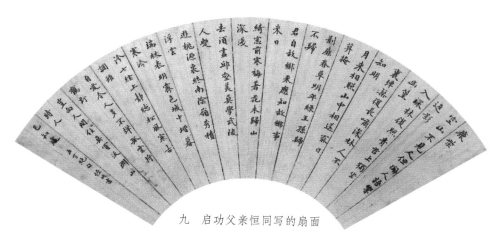

九　启功父亲恒同写的扇面

孤单单的，没有兄弟姐妹，父母死得又早。后来又嫁给我孤单一人的父亲，不想丈夫又很快死去，又变成孤寡一人。我父亲是独生子，只有一姐一妹，即我的大姑和二姑。我的大姑早早出嫁，二姑叫恒季华，早年也定下婚事，没想到男方早早死去。按当时最严格的封建制度，既已许配，就不许再嫁，于是我二姑就成了"望门寡"，更是一个苦命的人。她许配的那一家也是我们的熟人，有时我们去串门，她也要有意地回避。其实古人在妇女再嫁的问题上并没有那么多的清规戒律，再嫁是很平常的事，比如众所周知的李清照。可笑的是不但有些古人，甚至有些现在人，还在责备李清照的再嫁，认为这是她人生的一个污点或遗憾；有些人虽不这样正面谴责，却在极力地为李清照"辩诬"，说她并没有改嫁，思想深处还是认为改嫁是一件不光彩的事。其实，这在宋代是常见的事。这都是程朱理学及其后代末学对妇女变本加厉的迫害，也是我最反对朱熹之流的原因之一。民国后，这种制度虽然有所松懈，但我的姑姑年龄也大了，于是她终身未嫁，决心帮助我母亲一起抚养我这个两代单传的孤儿。

后来，我用自己第一份薪水买的第一部书，是清人汪中（容甫）的《述学》。为什么单买这一部呢？因为我小时候，就从别人那里看到过这部书，知道汪中和我有同样的经历和同样的感触，从内心里引起我深深的共鸣。汪中也是早年丧父，家中贫困到母亲不得不带着他讨饭的地步，每到寒夜时，母子只得相抱取暖，不知是否能活到天亮。汪中在给汪剑潭的信中曾动情地说过这样的意思：大凡为寡妇者多长寿，但等到儿子大了，能供养母亲时，即使有参苓梁肉也无补于她即毙之身了。他还痛切地谴责过夫死妇不得再嫁制度的不合理性。这一切都与我有同感，使我十分感动。我在《论书绝句》一百首中的第八十九首写道（图一〇）：

持将血泪报春晖，文伯经师世所稀。禊帖卷中瞻墨迹，瓣香应许我归依。

这首诗就是纪念汪中的，"文伯经师"都是指他。《述学》中有汪中的定武本《兰亭序》跋。《兰亭序》帖也称《禊帖》。我又在诗的下面配上一段文字："功周晬失怙，先母抚孤备尝艰苦。功虽亦曾随分入小学中学，而鲁钝半不及格。十六七始受教于吴县戴绥之师，获闻江都汪容甫先生之学。旋于新春厂甸书摊上以银币一元购得

我的家族

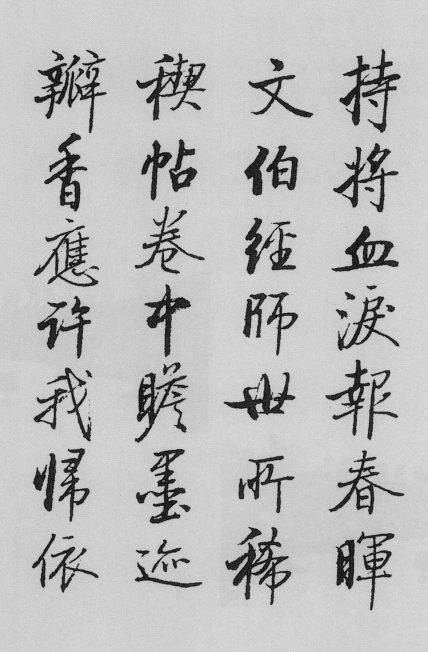

持将血泪报春晖
文伯经师世所稀
禊帖卷中瞻墨迹
辦香应许我恓依

一〇　启功纪念汪中的七言绝句

《述学》二册，归而读之，其中研经考史之作，率不能句读，而最爱骈俪诸文。逮读至与汪剑潭书，泪涔涔滴纸上，觉琴台、黄楼诸篇又不足见其至性者焉。"2002年我应邀到扬州讲学访问，曾专程到汪中的坟前恭恭敬敬地鞠了三个躬。汪中墓碑上的"大清文林汪中之墓"是由尹秉绶所题。墓地在一个很偏僻的地方，大概正因为此，才能在"文革"中幸免于难。

我的家族

第二章　我的童年和求学之路

一、童年生活

我生于民国元年农历六月十三日，即1912年7月26日。这是一个风云巨变的年代。前一年（辛亥年）爆发了辛亥革命，清王朝随之灭亡，中国从帝制走向共和。也就是说，我虽"贵"为帝胄，但从来没做过一天大清王朝的子民，生下来就是民国的国民。所以我对辛亥革命没有任何亲身的感受，只能承认它是历史的必然。1981年纪念辛亥革命七十周年时，有人向我征题，我只能这样写道：

半封半殖半蹉跎。终赖工农奏凯歌。末学迟生壬子岁，也随诸老颂先河。

辛亥革命之后，中国经历了大动荡的年代：护法战争、袁世凯称帝、二次革命、军阀混战，中国的共和在艰难中不断前行。

和"国"的命运紧紧相连，我的"家"也在经历着多事之秋。

我的父亲恒同在我刚刚一周岁的时候，即1913年7月就因肺病去世了。当时还不到二十岁，所以我对他一点印象也没有。那是我第一回当丧主，尽管我一点事也不懂。据说，因为父亲尚未立业，没有任何功名，所以不能在家停灵，只能停在一个小庙里，在那里给他烧香发丧。如果说我家由我曾祖、

祖父时已经开始衰落的话，那从我父亲的死就揭开迅速衰败的序幕。那时，我祖父虽还健在，但他已从官场上退了下来。我的曾祖和祖父都没有爵位可依靠，都是靠官俸维持生活。清朝的正式官俸是很有限的，所以官员要想过奢侈的生活只能靠贪污，这也正是当时官场腐败的原因之一。但我的曾祖和祖父本来都很廉洁，再加之所做的多是清水衙门的学官，所以家中并没有什么积蓄，要想维持生活就必须有人继续做官或另谋职业。现在家中唯一可以承担此任的人，在还没有闯出任何出路时，突然去世了，这无疑有如家中的顶梁柱突然崩塌，无论在经济上、精神上都给全家人巨大的打击。

首当其冲的当然是我的母亲。她在娘家就是孤单一人，后来还不得不寄居在别人家。好不容易盼到有了自己的家和自己的亲人，不管我父亲日后能取得多大的功名和事业，能挣多少钱，总算有一个踏踏实实的依靠，现在这个属于自己的依靠突然又没了，又要过一种新的寄人篱下的生活：公婆当然不会让她饿着、冻着，特别是又为他们生下了一线单传的孙子，但每月能得到的至多是几吊钱，而面临的将是无边的孤独与苦难，那日子的悲惨与艰辛是可想而知的。于是她

首先想到是死，哭着喊着要自杀，我的祖父怎么劝，她也不听，最后只能用我来哀求她："别的都不想，得想想自己的儿子和我的孙子吧，他还得靠你抚养成人啊！"这样她才最终放弃了一死了之的念头，决心为我而苦熬下来。

一个家族到了这份上，往往会发生一些怪现象。当然，如果仔细追究，这些现象可能都有一定的缘由，但问题是，到了那份上，恐惧笼罩在每一个人心头，谁也顾不上、来不及去追究了。正如《红楼梦》在描写宁国府衰败时有一段奇异现象的描写，写得鬼气拂拂（按原文如下）：

（中秋夜）贾珍……在汇芳园丛绿堂中，带着妻子姬妾……开怀作乐赏月。将一更时分，真是风清月白，银河微隐。……那天将有三更时分，贾珍酒已八分，大家正添衣喝茶，换盏更酌之际，忽听那边墙下有人长叹之声。大家明明听见，都毛发悚然。贾珍忙厉声叱问"谁在哪边？"连问几声，无人答应。……一语未了，只听得一阵风声，竟过墙去了。恍惚闻得祠堂内隔扇开阖之声，只觉得风气森森，比先更觉凄惨起来。看那月色时，也淡淡的，不似先前明朗，众人都觉毛发倒竖。……次日……细察祠内，都仍是照旧好好的，并无怪异

之迹。……

我想读者看了这段描写，谁也不会认为曹雪芹在这里宣扬迷信。我听说，我父亲死后家里也出现了一些怪异的事，也请读者能正确理解：这些事说明我们家那时紧张到什么程度。

我们当时住在什锦花园一个宅子的东院，我父亲死在南屋。南屋共三间，西边有一个过道。我父亲死后谁也不敢走那里，老佣人要到后边的厕所，都要结伴而行。据她们说，她们能听到南屋里有梆、梆、梆敲烟袋的声音，和我父亲生前敲的声音一样。还有一个老保姆说，我父亲死后的第二天早上，她开过我父亲住的屋子，说我父亲生前装药的两个罐子本来是盖着的，不知怎么，居然打开了，还有好几粒药撒在桌上，吓得她直哆嗦。也难怪她们，因为这个院里，除了襁褓中的我，没有一个男人了。于是我母亲带着我们搬到我二叔祖住的西院，以为那边有男人住，遇事好壮壮胆。我二叔祖很喜欢我父亲，他住在这院的北屋。搬去的那天晚上，他一边喝酒，一边哭，不断地喊着我父亲的名字："大同啊，大同啊！"声音很凄惨，气氛更紧张。到了夜里，有人就听到南屋里传来和弄水的声音，原来那里放着一只大水桶，是为救火准备的，平

我的童年和求学之路

时谁也不会动它。后来一件事更奇怪。我二叔祖有一个孩子，我管他叫五叔。他的奶妈好好地忽然发起了疯癫，裹着被褥，从床上滚到地上，嘴里还不断念叨着："东院的大少爷（指我父亲）说请少奶奶不要寻死。还说屋里柜子的抽屉里放着一个包，里边有一个扁簪和四块银圆。"我母亲听了以后，就要回东院找，可别人都吓坏了，拦着我母亲，不让去。我母亲本来是想自杀的，连死都不怕，这时早就豁出去了，冲破大家的阻拦，按照奶妈说的地方，打开一看，果然有一个扁簪和四块银圆，跟着看的人都面面相觑，不知所措。其实出现这些怪现象必然有实际的原因，只不过那时大家的心里都被恐惧笼罩着，

一有事就先往怪处想，自己吓唬自己，风声鹤唳，草木皆兵了，而这正是一个家族衰败的前兆。我从小就是在这种环境和气氛中成长的。

大概和这种心理和氛围有关，我三岁时家里让我到雍和宫按严格的仪式磕头接受灌顶礼，正式归依了喇嘛教，从此我成了一个记名的小喇嘛（后来还接受过班禅大师的灌顶）。我归依的师傅叫白普仁，是热河人。他给我起的法号叫"察格多尔札布"（图一一）。"察格多尔"是一个佛的徽号，"札布"是保佑的意思。喇嘛教是由莲华生引入的藏传密教，所谓"密"，当然属于不可宣布的神秘的宗派，后来宗喀巴又对它进行了改革，于是有红教、黄教之别：原有的称红教，

一一 1989年在雍和宫法会上，启功又坐在童年坐过的垫子上背诵经文

改革后的称黄教。红教一开始就可学密，黄教六十岁以后才可学密。红教不禁止男女合和，这和西藏当地的原始宗教相合，黄教在这方面就比较严格了。我归依的是黄教，随师傅学过很多经咒，至今我还能背下很多。

我记忆中师傅的功德主要有两件。一是他多年坚持广结善缘，募集善款，在雍和宫前殿铸造了藏传黄教的祖师宗喀巴的铜像。这尊佛像至今还供奉在那里，供人朝拜。二是在雍和宫修了一个大悲道场，它是为超度亡魂、普渡众生而设立的，要念七七四十九天的《大悲咒》，喇嘛、居士都可以参加，我当时还很小，也坐在后面跟着念，有些很长的咒我不会念，但很多短一点的咒我都能跟着念下来。一边念咒，一边还要炼药，这是为普济世人的。我师傅先用笸箩把糌粑面摇成指头尖大小的糌粑球，再放在朱砂粉中继续摇，使它们挂上一层红皮，有如现在的糖衣，然后把它们用瓶子装起，分三层供奉起来，外面用伞盖盖上。这是黄教的方法，红教则是挂一层黑衣。那四十九天，我师傅每天晚上就睡在设道场的大殿旁的一个过道里，一大早就准时去念咒，一部《大悲咒》不知要念多少遍。因为这些药都是在密咒中炼成的，所以自有它

的"灵异"。那时我还小，有些现象还不知怎么解释，但确实是我亲自所见所闻：有一天，赶上下雪，我在洁白的雪上走，忽然看到雪地上有许多小红丸，这是谁撒的呢？有一位为道场管账的先生，一天在他的梅花盆里忽然发现一粒红药丸，就顺手捡起，放在碗里，继续写账，过一会儿，又在梅花盆里发现一粒，就这样，一上午发现了好几粒。等四十九天功德圆满后，刚揭开伞盖，一看，满地都是小红丸，大家都说别揭了，三天以后再说吧。那些地上的小红丸大家都分了一些，我也得了一些。这些药自有它们的"法力"（药效），特别是对精神疾病和心理疾病。我小时候还听说过这样一件事：溥雪斋那一房有一位叫载廉（音）的，他的二儿媳有一段时间神经有点不正常，颠颠倒倒的，他们就把我师傅请来。师傅拿一根白线，一头放在一碗水里，上面盖上一张纸；一头拈在自己手里，然后开始念咒。念完，揭开纸一看，水变黑了，让那位二儿媳喝下去，居然就好了。

我道行不高，对于宗教的一些神秘现象不知该如何阐释，也不想卷入是否是伪科学的争论。反正这是我的一些亲眼、亲耳的见闻，至于怎样解释，我目前很难说得清，但我想总有它内在的道理。其

实，我觉得这些现象再神秘，终究是宗教中表面性的小问题。往大了说，对一个人，它可以陶冶人的情操修养，我从佛教和我师傅那里，学到了人应该以慈悲为怀，悲天悯人，关切众生；以博爱为怀，与人为善，宽宏大度；以超脱为怀，面对现世，脱离苦难。记得我二十多岁时，曾祖母有病，让我到雍和宫找"喇嘛爷"求药。当时正是夜里，一个人去，本来会很害怕，但我看到一座座庄严的庙宇静静地矗立在月光之下，清风徐来，树影婆娑，不知怎地，忽然想起《西厢记》张生的两句唱词："梵王宫殿月轮高，碧琉璃瑞烟笼罩。"眼前的景色，周围的世界，确实如此，既庄严神秘，又温馨清爽，人间是值得赞美的，生活应加以珍惜。我心里不但一点不害怕，而且充满了禅悟后难以名状的愉悦感，这种感觉只有产生于对宗教的体验。

对一个多民族、多宗教的国家，正确处理好宗教问题大大有利于国家的安定，人民的团结，民族的和睦。我认识一位宗教工作者，叫刘隆，曾任民委办公厅主任，他是一位虔诚的穆斯林，又做班禅的秘书，协助他工作，关系处理得非常好，班禅非常信任他。他对其他宗教也非常尊重，决不作任何诽谤，一切从维护国家和民族的团结安定与共同利益出发。从他身上我们可以看出，真正的宗教徒并不受

本宗教的局限，他的胸怀应该容纳全人类。如果所有的宗教工作者都能做到这一点，我想世界就会太平得多。当然，还有一位我特别尊重的宗教工作者，那就是赵朴老。

再说我的师父，他在六十多岁生病了，就住在方家胡同蒙汉佛教会中"闭关"，不久就圆寂了。圆寂后在黄寺的塔窑火化。按藏密黄教的规定，火化时，要把棺材放在铁制的架子上，棺材上放一座纸糊的塔，铁架下堆满劈柴，下面装着油。火化时只要点燃油即可。全过程要三天。他的徒弟中有一位叫多尔吉（藏语金刚杵之意）的，最后把师父的遗骨磨成粉，挽上糌粑面和糌粑油，刻成小佛像饼，分给大家，我也领了一份，至今还保留在我的箱底里。别的宗派也有这种习惯，五台山的许多高僧大德死后也如此，别人也给过我用他们的骨灰铸的佛像饼。

总之，自从归依雍和宫后，我和雍和宫就结下不解之缘。我每年大年初一都要到雍和宫去拜佛。在白师傅圆寂很久后的某一年，我去拜佛，见到一位八十多岁的老喇嘛，他还认得我，说："你不是白师傅的徒弟吗？"直到今年，两条腿实在行动不便才没去，但仍然委托我身边最亲信的人替我去。现在雍和宫内有我题写的一副匾额和

一副长联。匾额的题词是"大福德相"，长联的题词是"超二十七重天以上，度百千万亿劫之中"，这都寄托了我对雍和宫的一份虔诚（图一二）。

我从两三岁时起，有时住在河北省的易县。原来，我曾祖从察哈尔都统任上去职后，为表示彻底脱离官场，便想过一种隐居的生活。他有一个门生叫陈云诰，是易县的大地主、首富。他曾在我曾祖做学政时，考入翰林，后来又成为著名的书法家，写得一手好颜体，丰满道劲，堂皇大气，直到解放后，一直在书法界享有盛誉（图一三）。他愿意接待我的曾祖，于是我也常随祖父到易县小住。至今我还会说易县话。现在由北京到易县用不了两小时，但那时要用一天，坐火车先到高碑店，然后再坐一种小火车到易县。我从小身体不好，经常闹病。而易县多名医，因为很多从官场上退下来的老官僚都喜欢退居这里，于是有些名医便在这里设医馆，专门为他们看病。其中有一家很著名的孔小瑜（音，著名中医孔伯华的父亲）医馆，祖父便乘机常带我到那儿去看病，吃了不知多少付药，有时吃得呕吐不止，但始终不见有什么明显效果，他们反而说我服药不当，违背了药性。所以从小时起，我就对中医不感兴趣。晚

年回忆儿时的这段经历，我曾写过一首对中医近似戏谑的诗：

　　幼见屋上猫，啖草愈其病。医者悟妙理，梯取根与柄。持以疗我羸，肠胃呕欲罄。复诊脉象明："起居违药性。"

现在有人捧我为国学大师，他们认为既然是国学大师，一定深信国医，所以每当我闹病时，总有很多人向我推荐名中医、名中药，殊不知我对此一点兴趣也没有。经过长期的总结，我得出两条经验：在中医眼里没有治不好的病，哪怕是世界上刚发现的病；在西医眼里没有没病的人，哪怕是体魄再健壮的人。当然，这仅是我的一己之见，我并不想、也无权让别人不信中医。

一二　启功为雍和宫撰写的长联

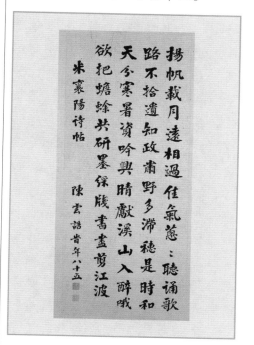

一三　陈云诰墨迹

二、入学前后

我十二岁才入正规的小学，但这不等于说我十二岁才学文化。我的启蒙老师是我的姑姑和我的祖父（图一四）。

我对姑姑非常尊敬，旗人家没出嫁的姑娘地位很高，而我姑姑又决心终身不嫁，帮助我的寡母抚养我，把自己看成支持这个家的顶梁柱、男人，所以我一直管她叫爹爹。做为家长，她明白，要改变我和我家的窘状，首先要抓对我的教育和培养，使我学有所成。我姑姑虽然没有太高的文化，但还是想尽一切办法，尽力教我一些简单的知识，比如把常用字都写在方寸大的纸片上，一个个地教我读写，有如现在的字卡教学，虽然不十分准确，但常用字总算都学会了。

我的祖父特别疼爱我，他管我叫"壬哥"。我从小失去父亲，所以他对我的教育格外用心。我祖父的字写得很好，他又把常用字用漂亮标准的楷书写在影格上，风格属于欧阳询的九成宫体，我把大字本蒙在上面，一遍一遍地描摹，打下了日后学习书法的基础。这些字样我现在还留着。他还教我念诗。至今我还清楚地记得他用一只手把我搂在膝上，另一只手在桌上轻轻地打着节拍，摇头晃脑地教我吟诵苏东坡《游金山寺》诗的情景：

> 我家江水初发源，宦游直送江入海。闻道潮头一丈高，天寒尚有沙痕在。中泠南畔石盘陀，古来出没随涛波……江山如此不归山，江神见怪警我顽。我谢江神岂得已，有田不归如江水！

他完全沉醉其中，我也如此，倒不是优美的文辞使我沉醉，因为我那时还小，并不理解其中的含义，我祖父也不给我逐句逐字地解释，但那抑扬顿挫的音节征服了我，我像是在听一首最美丽、最动人的音乐一样，这使我对诗产生了浓厚的兴趣。如果说我日后在诗词创作上取得了一定成绩，那么，可以说是诗词的优美韵律率先引领我走进了这座圣殿。当然随着学历与阅历的增加，我对这样的诗也都有了深刻的理解，所以这些诗我至今仍能倒背如流。祖父所选的诗有时显然带有更深的寓意。我记得他教我读过苏轼的《朱寿昌郎中，少不知母所在，刺血写经，求之五十年，去岁得蜀中，以诗贺之》：

> 嗟君七岁知念母，怜君壮大心愈苦。羡君临老得相逢，喜极无言泪如雨。不羡白衣作三公，不爱白日升青天。爱君五十著彩服，

儿啼却得尝当年……

这首诗后面还有很多典故，前面的这些描写与我的具体情况也不尽相合，但祖父的用心是非常明显的，我也是十分清楚的，就是叫我从小知道当母亲的不易，应该一直热爱母亲。这样的诗，我怎敢不终身牢记呢？

还有对我产生深刻影响的。他经常让我看他画画，我至今还清楚地记得当时的情景和感触：他随便找一张纸，或一个小扇面，不用什么特意的构思安排，更不用打底稿，随便地信手点染，这里几笔，那里几笔，不一会儿就画好一幅山水或一幅松竹（图一五）。每到这时，我总睁大眼睛，呆呆地在一旁观看，那惊讶、美慕的神情，就像所有的小孩子看魔术表演一样，吃惊那大活人是怎么变出来的？在我幼小的心灵里，我觉得这是一件最令人神往、最神秘的本领。因此从小我就萌发要当一个画家的想法。我想，能培养人的兴趣，激活人的潜质，激励人的志向的教育才是最成功的教育。我虽然没有直接跟我祖父学绘画的技巧和笔法，但我学到了最重要的一点——爱好的发现，兴趣的培养，这是最重要的，这就足够了。

除了接受家庭教育之外，上小学之前，我也读过旧式私塾。先在后胡同一亲戚家的私塾里跟着读，后来又跟着六叔祖搬到土儿胡同，对面是肃宁府，那里也设过私塾，我在那儿也读过。当时那里有一个教四书五经的，一个教英语的，也称得上是中西合璧了。但我们家属于旧派，不能跟着念外语，学洋学。进私塾先拜"大成至圣先师孔子之位"，还要拜主管文运的魁星。一般的教学过程是先检查前一天让背的背下没有，背下来的就布置点新内容接着背，没背下来的要挨打，一般打得都不重，有的不用板子，就用书，然后接着背，直到背会为止。小孩子的注意力不能长期集中，背着背着就走神发愣，或说笑玩耍起来，这时老师就会大声地斥责道："接着念！"那时，我属于年龄最小的，只好从《百家姓》读起，比我年龄大的就可以读"四书"、"五经"了。有时，我看他们背得挺热闹，便模仿着跟他们一起背，但又不知道词儿，就呜噜呜噜地瞎哼哼。这时，老师就过来拿书照我的头上轻轻地打一下，训斥道："你背的这是什么啊？尽跟着瞎起哄！"诸如此类的淘气事，我也没少干过。不过，有的老师也懂得"教学法"，我有两个叔叔，一个用功，背得很好，

我的童年和求学之路

尽得老师夸奖；一个不用功，背不下来，尽挨罚。老师就指着他对我说："你看，像他那样不用功，怎么背得下来，就得挨罚！"这种现身说法，有时还真对我有些激励作用，但日久天长也就失效了。

我十岁那年，是家中生活最困难的时候。大年三十夜，我的曾祖父去世，按虚岁，刚进七十。本应停灵二十一天，但到第十八天头上，我那位吃错药的二叔祖也死了（见前），结果只停了三天，就和我曾祖一起出殡了，俗称"接三"。而在我曾祖死后的第五天，即大年初四，他的一位兄弟媳妇也过世了。三月初三，我续弦的祖母又死去，七月初七我祖父也病故。不到一年，我家连续死了五个人，而且都是各人因各人的病而死的，并非赶上什么瘟疫，实在是有些奇怪，要说凑巧，也不能这么巧啊！如果说十年前，

父亲的死揭开了我家急速衰败的序幕，那么这一年就是我家急速衰败的高潮。我真正体会到什么叫"呼啦啦如大厦倾"，什么叫"家败如山倒"，什么叫"一发而不可收拾"。我们不得不变卖家产——房子、字画，用来发丧，偿还债务，那时我家已没有什么特别值钱的东西了，我记得卖钱最多的是一部局版的《二十四史》。十年前我父亲死，我是孝子，现在曾祖死，我是"齐衰（音 zī cuī）五月曾孙"，即穿五个月的齐衰丧服——一种齐边孝服。祖父、祖母死，我是独长孙，在发丧的时候，我都要做丧主、"承重孙"，因此我在主持丧事方面有充分的经验。但这对于一个十岁的孩子，精神上的负担和打击也过于沉重了！

凡没落的封建大家庭有一个通病——老家儿死后，子孙都要变着法儿地闹着分财产。我家虽

一五　启功祖父毓隆画的扇面

已是山穷水尽了，但也不能免此一难。发难的是我的六叔祖，他的为人实在不敢恭维，我曾祖活着的时候常骂他"没来由"。他找上门来，兴师问罪，对我祖父说："父亲死后，母亲（续弦的）把家中值钱的东西都变卖了，钱都归了你们大房，这不行。"我祖父气坏了，向他连解释带保证，说："母亲什么东西也没给我们留下，我也从来不问她财产的事，更不用说私下给我们钱了。"我六叔祖还不依不饶，指着祖父屋里墙上挂的一张画说："这张画不就是值钱的古玩字画吗？"这可真应了我曾祖的那句话："没来由"。这张画挂在那儿不止一两年了，又不是现在才分来的。再说，大家都知道它是一张仿钱谷的赝品，而且赝得没边。我祖父气愤地向他嚷道："你要是觉得它值钱，你就拿走好了！"我六叔祖还真的让跟着来的手下人蹬桌子上板凳地给摘走了。手下人摘走后，就剩下我祖父和我六叔祖两个人，我祖父气得直哆嗦，指着他发誓道："我告诉你，你就有一个儿子，我就有一个孙子。如果我真的私吞了财产，就让我的孙子长不大；如果我没私吞财产，你就是亏心，你的儿子也不得好死！"在那个时代，亲兄弟俩，特别是每家只有一个独苗时，设下如此恶咒，真是豁出去了，不是争吵到极点，绝不会发这样的毒誓。后来，我祖父就因此而一病不起，七个月后也故去了。这七个月里，他动不动就哆嗦，这显然是和我六叔祖争吵后落下的病根。他死在安定门内的方家胡同。临死前，还特意把我叫到床前叮嘱了两件事：一件就是告诉我如何跟我六叔祖吵架打赌，意在勉励我以后要自珍自重，好自为之。另一件就是叮嘱我"决不许姓金，你要是姓了金就不是我的孙子"。我都含泪一一记下了。

不到一年连续死了这么多人，但对我打击最大、最直接的是祖父的死。我父亲的死，使我母亲和我失去了最直接的指望，但好在还有我祖父这层依靠，他冲着自己唯一的亲孙子，也不能不照管我们孤儿寡母。现在这层依靠又断了，而且整个家族确实到了山穷水尽的地步。我们生活的最基本保证——吃饭和穿衣都成了最实际的问题。

也许真的是天无绝人之路吧，这时出现的真情一幕让我终生难忘。

原来，我祖父在做四川学政时，有两位学生，都是四川人，一位叫邵从煜，一位叫唐淮源（图一六）。他们知道我家的窘况后，就把对老师的感激，报答在对他遗孤的抚养上。他们带头捐钱，并向我祖父的其他门生发起了募捐，那募捐词上的两句话至今让我心酸，它也必定打动了捐款人："孀媳弱女，同抚孤孙"。孀媳是指我的母亲，弱女是指那没出嫁，发誓帮助我母亲抚养我的姑姑。结果共募集了2000元。邵老伯和唐老伯用这2000元买了七年的长期公债，每月可得30元的利息，大体够我们一家三口的基本花销了。而邵老伯和唐老伯就成了我们的监护人。我祖父死后，家族里的人，觉得家里没个男人，单过有困难，便让我们搬到我六叔祖那里，我们虽然不喜欢他，但也不好回绝族里的好意，便搬过去单过。邵老伯和唐老伯也不把公债交给我六叔祖，一开始每月还带着我六叔祖和我一起去取利息，表明他们秉公从事，只起监护作用，后来就只带我一个人去。我从十一岁到十八岁的生活来源以至学费靠的就是这笔款项了。邵、唐二位老伯不但保证了我们的经济来源，而且对我的学业也十分关心。邵老伯让我每星期都要带上作业到他家去一趟，当面检查一遍，还不时地提出要求和鼓励。有时我贪玩儿，忘了去，他就亲自跑上门来检查。我本来就知道上学的机会来之不易，再加上如此严格的要求，岂敢不努力学习。唐老伯那时经常到中山公园的"行健会"跟杨派太极拳的传人杨诚甫练习太极拳，我有时也去，唐老伯见到我总关切地询问我的学业有什

目蠢龍起骨赤鳥降祥瑞
云目建之十善之基之

皆是軒姬揆蔬萁裹之孤挺晉魏九域磐根
之樑骸柄皇朝飛督齊室劉碑造像

夫人許昌陳氏開府儀同金紫光祿大岐州
使君西都公豐德之長女也

世其昌天聚德星則四
君顯號蓁翔飛鳳則四
謹宥碑

親秋盒主訓正

至若鹿野高談窮方等之

唐淮源先生的墨迹

么进步，一次，我把自己刚作的、写在一个扇面上的四首七律之一呈给他，诗题为《社课咏春柳四首拟渔洋秋柳之作》：

> 如丝如线最关情。斑马萧萧梦里惊。正是春光归玉塞，那堪遗事感金城。风前百尺添新恨，雨后三眠瘵宿醒。凄绝今番回舞袖，上林久见草痕生。

这首诗写得很规整，颇有些伤感的味道，不料，唐老伯看到我的诗有了进步，竟感动得哭了，一边哭，一边说："孙世兄（这是他对我客气的称呼）啊，没想到你小小的年龄就能写出这样有感情的好诗，你祖父的在天之灵也会高兴的。不过，你不要太伤感了，你要保重啊。"听了他的一番话，我也感动得潸然泪下，那情景今天还历历在目。这都激励我要更好地学习，来报答他们。邵老伯和张谰是同乡，他学佛、信佛，主张和平，有点书呆子气，后来也成为一位著名的民主人士。为和平建国之事，曾和蒋介石发生过激烈的争吵，气得蒋介石直拍桌子，说他是为共产党说话。为此，他又气，又急，又怕，不久就病死了。他有两个儿子，一个叫邵一诚，一个叫邵一桐，邵一桐也笃信佛教，自己印过《金刚经》，还给我寄过两本，现在都在成都工作。而唐

老伯的结局很悲惨，解放战争中，在四川竟失踪了，不知是死于战乱，还是死于其他原因。成为美谈的是，邵一桐后来和唐老伯的女儿，当时大家都管她叫唐小妹，结为夫妻，生有两个孩子，其中的邵宁住在北京，他秉承了祖父、父亲的信仰，对佛学也有很深的修养。我还在某年的春节去看望过他们。后来我听说邵一诚先生得了病，便两次特别嘱托四川来的朋友给他捎去一些钱表示慰问。

我十二岁才入小学，在入学前还发生过一件近似闹剧的事情，这也能从侧面反映出当时的社会状况，不妨说一说。

1924年，冯玉祥率部发动北京政变，按优待条件在故宫内苟延残喘的宣统小王朝，面临随时被扫地出门的命运。这时溥仪和他的一帮遗老虽仍生活在故宫里，继续在弹丸的高墙之内称帝，实际上一点权力都没有了，只能管理他的宗室了，因此还设有宗人府，而地点却在美术馆西南一带，即后来的孔德中学的东厢房。当时宗人府的左司掌印叫奕元，他查我家档案，知道我曾祖、祖父因下科场而主动放弃了封爵，我父亲死得又早，还来不及封爵号，看我可怜，趁着现在还没被赶走，

我的童年和求学之路

掌点权，便让我袭了爵号，封我一个三等奉恩将军。这当然是有名无实的虚名，一文钱、一两米的俸禄都没有，只是趁着宗人府还没被吊销，抓紧时间滥行权力罢了。看来"有权不用，过期作废"的观念早已有之。我当时为这件事还去了趟宗人府，见到了三堂掌印，掌正堂的是载瀛，算是履行了手续。冯玉祥逼宫后，溥仪连故宫也待不下去了，跑到了天津，他手下的宗人府所封的封号本来就是一纸空文，现在自然更是空头支票。但这张诰封实在有意思：它是丝织的，一段红，一段绿，和清朝原来的诰封形式完全一样。上面的内容大致是，根据优待条件，启功应袭封三等奉恩将军。任命的内容虽是宗人府的，盖的大印却是民国大总统徐世昌的，真叫文不对题，不伦不类。我本来一直保留着它，这绝不是我留恋那个毫无价值的三等将军，而是它确实是一件打上了特殊年代的烙印、具有特殊历史意义的文物。但在"文化大革命"时，我不敢不把它烧掉，因为如果让红卫兵抄出来，那我的罪过就不仅是要复辟资本主义，而是要复辟封建主义了。

我十二岁才入小学，之后又入中学。其间平平淡淡，没有留下什么特别的印象，甚至有些起止升转的过程、细节都记不清了。所幸有热心的朋友找到了我读小学和由小学升中学的文凭（图一七、一八）。文凭所记当是最准确的。我上的是马匹厂小学，它属于汇文学校，是汇文的一所附属小学。在"北京汇文学校"的"入学愿书及证书"上，附有小学"校长证明书"，证明书是这样写的："兹有学生启功自民国十三年正月至十五年六月曾在本校肄业，领有毕业证书，所有该生在校成绩今据实照表填写，品行尚为端正，特此证明并介绍直接升入贵校，即致北京汇文学校查照。"可见我上小学的准确时间是从1924年1月到1926年6月，也就是说，我读小学是由四年级第二学期插班开始，直到小学毕业，然后于1926年升入中学。在这份证明书上，为我具保的是自来水公司职员张绍堂。而证明书一侧有声明"介绍直接升入本校只限曾在本校注册之学校"，可见马匹厂小学当是汇文注册的附属小学。而在北京汇文学校"入学愿书及证书"上，填写我的年龄是十五岁，欲入的年级为"初级第二年"，因小学六年级已含有初一的课程，所以我在读中学时又跳了一级。而在这份证书上填写的家长是我的姑姑恒季华，足见我姑姑在我家的地位，而为我具保的变为自来水公司的经理周实之。

热心的朋友又找到了汇文学校"辛未（1931）年刊"上我写的"一九三一级级史"一文，这篇文章是因为"高级三年征记，爰为是文"。（图一九）大概我的古文写得比较好吧，所以大家推选我代表全年级来写这篇级史，这并

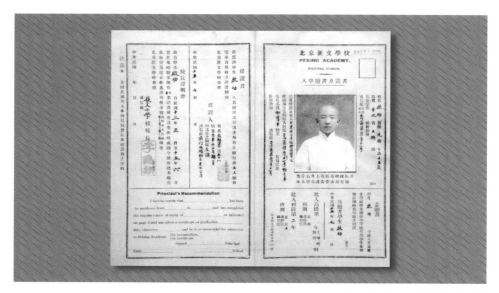

一七　启功入汇文小学的证书

一八　启功在汇文中学时的留影

我的童年和求学之路

一 九 三 一 級 級 史

索斯脱啟功

唯歲在上章敦祥元英之季。滙文學校辛未年棻。剞劂在即。高級三年微記。爰爲是文。曰。大哉庠序之敎也。三代以還。雖時危世替。未見凘弛。蓋美俗之成。惟賴吉士表率。英才之育。尤爲國政導源。然小學始敎。要在廣施。而大學專攻。非能徧及。是以進德之基。深造之本。舍中學其焉歸。入學既久。效已可睹。成茲九仞之山。端惟一簣之積。則高級三年。誠難忽視也。故于敎。則三育幷施。于學。則四維互勵。敎學相長。頗有可述者焉。若夫頎志典墳。馳情詞賦。經史子集。追緬古人。溝通萬國。逐譯殊音。每有佳章妙製。莫不丰采彬彬。嘉名所縣。首膺乎文。至若新進文明。物質是尙。矍鑠列強。恃此而振。藉彼流傳。補我放失。執柯伐柯。取則不遠。故今日窮理之擧。尤爲當世所望。至于商科。貨殖是究。鴟夷用越。陽翟得秦。誰曰居積可鄙。庶與管仲同功。東西志士。強國有計。妙策所由。蠋爲經濟。功也不才。忝參一席。竊希孟子之言。通功易事。逃名域中。了無高翼。此三科中。數十百人。奇才傑出者。不可勝計。而成績因之斐然可觀矣。每見課餘之暇。三五相聚于藏書之室。切磋琢磨。同德共勉。爲五年率。撰撰熙熙。相覩而善。暇則或爲指陳當務之交。或作堅白縱衡之辯。或出滑稽梯突之言。或好嬉笑怒罵之論。往往有微旨深意。寓於其間。凡此四者。求之刊誌。高級三年。亦備之矣。而體育一端。尤其精進。于此季中。報記口傳。有碑載道。凡彼高才。衆人共識。何勞鄙人再爲縷贅耶。或曰。方今世之學校也。頹風陋習。多失敎育之本旨者。子校其有之乎。予曰。何謂也。曰。予聞今之治學者。唯利是趨。唯弊是營。歲月忽忽。而泄泄以誤少年。父兄諈諉。而裦貌以負重託。作怪民爲先導。聽衆論如蠅聲。遂過失而助之長。見善棄而損其成。營飾其表。意在多金之獲。支離其說。專蔽善性之明。敎者客延佪擧。濫竽皆爲奇貨。學者不欽正道。執綺膾是高風。甚者曰高堅臥。緜託南陽之士。月明走馬。公爲濮上之行。酒食爭逐以爲常。歌舞倡和以爲課。競學頑強。雅名磊落。翻覆算構謀。陰險能蠱惑。羣兒善訟。舉國若狂。傲逸盤游。訴遣遐邇。敎育之獘。乃若是乎。予笑而應之。曰。君將爲今學之董狐耶。前所云云。亦或不謬。然吾校固無是也。惟勉欽明德。期我全人共奮圖之。

—啟功拜志—

不偶然，因为当时我正随戴绥之先生学习古文（见后）。在谈到中学教育的重要性时，我这样说：

英才教育，尤为国政导源。然小学始教，要在广施；而大学专攻，非能遍及。是以进德之基，深造之本，舍中学其焉归。入学

一九　启功在汇文中学时撰写的年级史

既久，效已可睹，成兹九仞之山，端为一篑之积，则高级三年，诚难忽视也。

我在高中读的是商科，对商科的重要性，我是这样认识的：

至于商科，货殖是究。鸱夷用越，阳翟得秦。谁曰居积可鄙，

庶与管仲同功。

"鸱夷用越"是指范蠡在越国经商致富的事情，"阳翟得秦"是指吕不韦因经商而取得秦国政柄的事，管仲则是战国时著名的政治家。对于风华正茂的青年学子及其昂扬热情，我是这样形容的：

> 此三科者，数十百人。奇才杰出者，不可胜记，而成绩因之而斐然可观矣。每见课余之暇，三五相聚于藏书之室，切磋琢磨，同德共勉，为五年率。攘攘熙熙，相观而善。暇则或为指陈当务之文，或作坚白纵横之辩；或出滑稽梯突之言，或好嬉笑怒骂之论，往往有微旨深意，寓于其间。

我虽为高三年级作了这篇级史，但遗憾的是我并没有在汇文中学正式毕业，只是肄业而已。原因是这样的：我小时候念了几年私塾，当时家里不准我学英文，我上小学、中学又都是插班，所以英语成绩比较差，越念到后来越吃力。当时我有一个同班好友叫张振先，他的英语特别好，同学经常找他帮忙"杀枪"，也就是现在所说的当"枪手"——谁的作业不会了，就请他写。高二那一年的英语考试，我估计自己不行，也请他为我做一回"枪手"。可那一回他有点犯懒，替我做时没太下功夫，内容和他自己的卷子差不多。老师"很高明"，一看便说，这两篇雷同，不行。他还算手下留情，说起码要在第二年重写一篇，否则不能及格。当时我正一心一意、聚精会神地随戴绥之先生学习古文，全部的兴趣和精力都在那方面，对英语一点兴趣也没有，别说第二年了，就是第三年我也写不出，于是我也就不管什么毕业不毕业了。

为此，我有点对不起我的另外一个恩人——周九爷周学辉先生，也就是为我提供中学担保的那位自来水公司经理周实之先生（为我提供小学担保的张先生是他的属员）。他也是我曾祖的门生，他的父亲叫周馥（玉山），是李鸿章的财务总管，家里很有钱，后来生活在天津。我曾祖死后，他还坚持来看望我们。每次到北京，必定来看我的曾祖母，他一直称她为"师母"；我曾祖母也必定留他吃饭，关系很好。周老先生表示愿意资助我一直念下去，直至大学，以至出国留学。这样一来，我就辜负了他的美意。但他善良的愿望其实并不合实际。即使我英语及格了，将来能留学了，那谁管我的母亲和姑姑啊？我不是一个人吃饱全家不饿的人啊！我家还有两个亲人，她们把我拉扯大，现在是反过来需要我照顾、抚养她们了。我当初为什么选择商科？还不是觉得它和就业、赚钱更直接吗？而我为什么那么努力地跟戴绥之先生学习古文？就是因为后来我发现商科不适合我，我要学点适合我的真本事，并靠它找点工作，谋份职业，养家糊口，生活下去。所以到了高三，我也没再补考，中途辍学了。而我家和周九爷的关系却一直保持下去，他帮助过我三叔、六叔谋过职。后来我到辅仁大学工作，当了副教授，还特意到天津去看望他，他还热情地请我吃饭。说来也巧，周九爷的孙辈周骎良、周骆良、周鹭良（后改为周之良）后来都在北师大工作，我们的关系一直处得很好。

后来张振先到英国留学去了，解放后回到中国。在困难时期，因为我们都是市政协委员，可以享受一点优待——每星期六、日到欧美同学会那儿去打打牙祭，顺便聚会一下。聚会时，还常回忆这次"杀枪"事件，以及一些其他趣闻，这里权作汇文随感和汇文逸事说说吧。

回想中小学生活，虽然平淡无奇，但这种开放式的、全方位的现代教育还是给我留下很深的印象。我觉得它确实比那种封闭式的、教学内容相对保守单一的私塾教育进步得多。最主要的是这种教育为孩子身心的自然发展提供了远比旧式教育广阔得多的空间。别的不说，活泼、好动、调皮、淘气是孩子的本性，而这种本性在私塾教育中往往被扼杀了，但在新式学校里，大家地位平等，同声相应、同气相求，沆瀣一气，成群结伙，又有充分的空间去发挥，这些本性就可以得到释放。教我们英文的老师叫巴清泉，他判作业和阅卷时的签字一律用CCPA。他是一个基督徒（汇文是基督教学校），对同学们一些不太符合基督教的言行，一律斥为迷信。我们就故意气他，他上课时，有人就在装粉笔末的纸盒里插上三根筷子当香烧，还在他快进教室时一起怪声怪调地把CCPA念成"sei—sei—ba"，好像是在说汉语的"塞啊—塞啊—叭！"要说迷信，应该是汇文的牧师刘介平。他有三个儿子。他不喜欢大儿子，而喜欢小儿子。先是小儿子不幸得病，他整天为他祈祷，还是死了。他把儿子的棺材停在亚斯礼堂（在当时的慕贞女中内）的讲台下，向基督虔诚地祷告："我的儿子被主接走了。"后来，他的二儿子又得病，死了，他又如此安排祷告一番。不久，他大儿子又病倒了，这回他把他送进医院，很快就治好了。大家都说这才是迷信。

还说我和张振先吧。我们俩都属于淘气的学生。他有一回在礼堂的暖气管上拿"顺风旗"（一种体操动作），结果把管子弄坏，吓得赶紧跑了。我更损，教我们语文的老师水平有限，有时还念错别字，如在教我们念《秋水轩尺牍》时，把"久违尘教"念成"久违尘教"。他是个大近视眼，我就拿一本字号最小的袖珍版的《新约全书》随便找个问题问他。他挤着眼睛看了半天，也看不清，后来恍然大悟，知道我是明知故问地习难他，就用教鞭照我的屁股给了一下。我还假装委屈，理直气壮地质问："您为什么打人啊？"他说得也好："你拿我开涮，我不打你打谁？"诸如此类淘气的事干了不少。我和张振先是同桌，一到课间休息，甚至自习课老师不在时，我们俩就常常"比武"，看谁能把谁摁到长条凳上，只要摁倒对方，就用手当刀，架在他的脖子上说："我宫了你！"算作取得一场胜利。直到几十年后，我们在欧美同学会吃饭时，彼此的祝酒词还是"我宫了你"。这种童真和童趣是非常值得珍惜的，有了它，人格才能完整。而开明的老师，常能容忍孩子们的这种天性，这对孩子的成长是有利的。我们班有一个同学叫宋衡玉（音），平时常穿日本式的服装，我们都管他叫"小日本"，他自然不愿意听。有一回在饭厅吃饭时，有人又叫他"小日本"，他急了，追着那个人不依不饶，那个人就往饭厅外跑，他嘴里骂着"儿子（读作 zèi）！儿子！"地往外追，刚追出门，正好和路过的校长撞个满怀，校长拧着他的嘴巴说："你又没娶媳妇儿，哪来的儿子？"大家听了哄堂大笑。因为大家觉得校长实际上是以一种幽默的方式加入到这场游戏中了。总之，我不是提倡淘气，但兴趣是不可抹杀的，在这样的学校，每天都有新鲜有趣的事发生，大家生活、学习起来饶有兴致（图二〇）。

但有些事就不那么简单了。如1926年北京发生"三一八惨案"，那时我正上小学，那天放学时整个北京城都戒严，家里着急，派车接我，但怎么也绕不过来，最后我是拐着弯穿小胡同，很晚才到家。后来我升入汇文中学，又知道有两名汇文的学生死于这次惨案中，一位姓唐，一位姓谢，校内还竖有"唐谢二君纪念碑"。这使我知道社会上还有比学校里更惊天动地的大事。

一九三一年商科　　　　　S.3,C. 1931.

張振先　周連發　吳震寰　連宣勳　趙懷書　啟功　錢家縣　金履中驊　鄭提寧　楊永年　曹琇　楊學敬　田世珩　滕燦淮　郭大同　李世鈺　姜永春　錢家驪

正代表　于士廷　錢家　　副代表　吳震

二〇　啟功在匯文中學時與同學的合影

三、我的几位恩师

从十五岁到二十五岁，我有幸结识了一些当时知名的艺术家、诗人、学者，如贾羲民、吴镜汀、戴姜福、溥心畲、溥雪斋、齐白石等先生。我并向其中的一些人正式拜过师。在他们的教诲下，我日后比较见长的那些知识、技艺才打下根基，得到培养。在我回忆成长过程时，不能不提及他们。我曾经写过《记我的几位恩师》《溥心畲先生南渡前的艺术生涯》及《记齐白石先生轶事》等文章，记载了他们的有关情况，现把和我相关的一些情况再概述并补充一下。

贾羲民和吴镜汀。羲民先生

二二 吴镜汀先生在作画

名尔鲁，又名鲁，原以新民为字，后改为羲民，北京人。镜汀先生名熙曾，镜汀是他的号，长期客居北京（图二一、二二）。我虽然自幼喜爱绘画，也下过一些功夫，比如我家有一卷王石谷《临安山色图》的珂罗版照片，原画已流入日本，当时能得到它的照片已很不易，不像现在能见到那么多的王石谷真迹，所以我到现在还保留着这幅照片。我和我五叔祖曾一起用心临摹过它。又经热心人帮助，还找到1926年（丙寅）我画的一张菊花小册页（图二三）。但这些仅是凭着小聪明，还不具备专业的素质。为了能登堂入室，大约升入中学后不久，我即正式磕头拜贾先生为师学习绘画。贾老师一家都是老塾师，他本人原也做过北洋政府部曹一类的小官。贾老师不但会画，而且博通经史，

二一 吴镜汀先生遗像

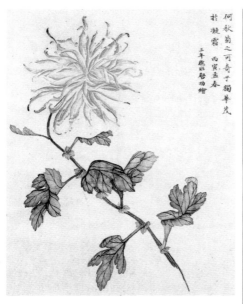

何秋菊之可奇予独举戈
护凝霜 丙寅孟春
三年后识启功绘

二三 启功十四岁时的绘画作品

看出他的特点。也正因如此，他在当时画界不太被看重，甚至有些受排挤。贾老师曾经参加过一个画会，它是由金绍城，又名金城（号巩北、北楼）倡立的，金先生是王世襄先生的舅舅，为了提高这个画会的地位，他请来周肇祥做会长，因为周是民国大总统徐世昌的学生，又做过东北葫芦岛开辟督办，有的是贪污来的钱。这个画会后来办了一个展览，金先生把贾先生的参展作品放在

对书画鉴定也有很深的造诣。那时画坛有这样一个定义不太明确的概念和分法——"内行画"和"外行画"。所谓"内行画"是指那种注重画理、技巧的画，类似王石谷那种画什么像什么；所谓"外行画"是指那种不太注重画理、技巧的画，画的山不像山，水不像水，类似王原祁，有人说他画的房子像丙舍——坟中停灵的棚子。贾先生是文人，他不同意这种提法，认为这样的词汇不应是文人论画所使用的语言；而吴先生却喜欢用这种通俗的说法来区分这两派不同的画风。正由于贾先生是文人，所以他不太喜欢王石谷而喜欢王原祁，我现在还保留着他的一张小幅山水（图二四），很能

二四 贾羲民（尔鲁）老师的山水画

很不起眼的角落里。贾先生受到这个冷遇后，就主动写了一封信，声明退出画会。

贾先生对我的教益和影响主要在书画鉴定方面，由于他是文人，学问广博，又会画，所以书画史和书画鉴定是他的强项。他经常带我去看故宫的书画藏品。平时去故宫，门票要一块钱，这对一般人可不是小数目，而每月的一、二、三号，实行优惠价，只需三毛钱，而且这三天又是换展品的日子，大量的作品都要撤下来，换上新的，只有那些上等展品会继续保留一段时间，而有些精品，如董其昌题的范中立《溪山行旅图》、郭熙的《早春图》等会保留更长的时间。所以我对这类作品印象非常深，现在闭起眼睛，还能清楚地想象出它们当时挂在什么位置，每张画画的是什么，画面的具体布局如何。如《溪山行旅图》树丛的什么位置有"范宽"两个小字，《早春图》什么地方有一个"郭熙笔"的图章，什么地方有注明某年所画的题款，都清楚地印在我的脑中。由于有优惠，我们天天都盼着这三天，每当这三天看完展览，或平时在什么地方相遇，分手时总是说："下月到时候见！"每看展览，贾先生就给我讲一些鉴定、鉴赏的

知识，如远山和远水怎么画是属于北派的，怎么画是属于南派的，宋人的山水和元人的山水有什么不同，等等。这些知识和眼力是非常抽象的，只靠看书是学不会的，必须有真正的行家当面指点。有一回我看到一张米元章的《捕蝗帖》，非常欣赏，可贾先生告诉我这是假的。我当时还很奇怪，心想这不是写得很好吗？后来我见得越来越多，特别是见了很多米元章真迹的影印本，再回过头来看这张《捕蝗帖》，才觉得它真的不行。又如，最初见到董其昌的很多画，难以理解：明明是董其昌的落款，上面还有吴荣光的题跋，如《秋兴八景》等，但里面为什么有那么多的毛病？比如画面的结构不合比例，房子太大，人太小；或构图混乱，同一条河，这半是由左向右流，那半又变成由右向左流；还有的画面很潦草，甚至只画了半截。开始，我认为这些都是假的，或代笔的画手太不高明。贾老师便告诉我，这并不全是假的，而是属于文人那种随意而为的"大爷高乐"的作品——"大爷高乐"是《艳阳楼》戏中"拿高登"的一句戏词："大爷您在这儿高乐呢！"——画家也常有些不顾画理，信手涂抹的"高乐"之作，特别是文人画，并没什么画理可讲。还有

些画，可能是自己起几笔草，然后让其他画手代为填补，所以画风就不统一了，因此不能把它们一概视为赝品。贾老师的这些教诲使我对文人画有了进一步的了解，对真画假题、假画真题、半真半假的作品有了更深的理解。有时只我一个人到故宫看展览，这时最希望能遇到一些懂行的老先生，每当他们在议论指点时，我就凑上去，听他们说什么，有时还不失时机地向他们请教一下，哪怕得到的只是三言两语，但都极有针对性，都使我受益匪浅。

随着知识和鉴赏能力的提高，我鉴定作品真伪的能力也逐步提高。如前面提到的那两幅画：郭熙的《早春图》，有钤章、有题款，画法技巧纯属宋人的风格，非常难得，无疑是真品。而范中立的《溪山行旅图》仅凭画面树丛里有"范宽"两个题字，就能断定它是赝品。因为据郭若虚《图画见闻志》载："（范宽）名中正，字中立（也作仲立），华原人，性温厚，故时人目之为范宽。"可见范宽是绰号，形容他度量大，不斤斤计较。试想他怎么能把别人给他起的外号当做落款写到画面里呢？比如有人给我起外号叫"马虎"，我能把它当落款题到画上吗？天津历史博物馆也有一张类似风格的作品，

落款居然是"臣范宽画"，这更没谱了，难道他敢在皇帝面前大不敬地以外号自称？这又不像戏里可以随便编。有一出包公戏，写包公见太后时称"臣包黑见驾"，这在戏里行，但在正式场合绝对不行。这都是一些原来没落款的画，后人给它妄加上的。这些观点虽然不都是贾老师亲口传授，但和他平日点滴的"润物细无声"的培养是分不开的。

贾老师和吴老师的关系很好。贾老师有一块很珍贵的墨，送给了吴老师，吴老师把他的一幅类似粗笔的王石谷的画回赠给贾老师。贾老师把它挂在屋里，我还从他那里借来临摹过。实话实说，当初我虽投奔贾老师学画，但心里更喜欢所谓的"内行画"，也就是吴老师这派的画。后来我把这个意思和贾老师说了，他非常大度，在一次聚会上，主动把我介绍给吴老师，并主动拜托吴老师好好带我。这事大约发生在我投贾老师门下一年多之后。能够主动把自己的学生转投到别人门下，这种度量，这种胸襟，就令人肃然起敬，所以说跟老师不但要学做学问，更要学做人，贾老师永远是我心中的恩师。

吴老师的"内行画"确实非常高明，他能研究透每种风格、每

个人用笔的技法，如王原祁和王石谷的画都是怎样下笔的，他可以当场表演，随便抻过一张纸来，这样画几笔，那样画几笔，画出的山石树木就是王原祁的风格，再那样画几笔，这样画几笔就是王石谷的味道，还能用同样的方法表现出其他人的特点与习惯。这等于把画理的基本构成都解剖透了，有点现代科学讲究实证的味道，真不愧"内行"中的"内行"。这不但提高了我用笔技法的能力，而且对日后书画鉴定有深远的影响，因为看得多了，又懂得"解剖学"的基本原理，便掌握了诀窍，一看画上的用笔，就知道这是不是那个人的风格，符合不符合那个人的习惯。我随吴老师学画，仍从临摹开始。有一回我借来吴老师赠给贾老师的那张画来临，临到最后，房子里的人物安排不下了，只好删去了，我母亲在一旁看到后，一语双关地戏称我临得"丢人"。后来就逐渐有了长进。

有一件事我至今记忆犹新，权当画界当时的一个小掌故说一说吧。吴老师原有一位弟子，是无锡的周先生，当然就是我的师兄。有一回，有人告诉吴老师地安门的品古斋正在卖一张溥心畬家藏的沈士充的《桃源图》，吴老师就从品古斋借出来，亲自指导周先生临摹，临摹得似像似不像。临完后又把原作还给品古斋，我就和曹七先生（事迹见后）说了这张画的来历，他花了三百元买下来。他的太太会画画，曾得到吴谷祥的指导，后来年岁大了，就不怎么画了。曹七先生跟我说："你也临一张，算是我太太临的。"于是我就临了一张题上他太太的名字，现在也不知这张画的下落。后来我又在绢上临了一张，拿去给吴老师看，他很高兴，夸奖我"画得好，是踏下心画出来的"。后来徐燕荪要办一个画展，准备把我这张和周师兄那张都拿去参展，并把我的摆在前面。这下吴老师不高兴了，甚至和徐先生吵了起来。我虽然很愿意把我排在前边，但一想师兄比我大五岁，又是先和吴老师学画，便和徐先生说："还是把周先生的放在前面吧，这里面有吴老师的指导。"这件风波才就此平息。这幅画我现在还保留着。从这件事我明白，作为老师，他当然会看重亲自指导过的作品，但对真正下过功夫的人，他心里也是有数的。我的这位师兄最初善画芦塘，他自称"别人都管我叫周芦塘"，后来又画葡萄，有一张还作为礼品赠给美国总统，于是他又自称"他们都管我叫周葡萄"。后来我在一次聚会上和大家开玩笑说："他画芦塘、葡萄，说人家管他叫周芦塘、周葡萄，以后我专画山药，你们就叫别人管我叫'启山药'好了。"听得人无不大笑。他九十岁时，家人要为他办个画展，他夫人来找我，我写了四首诗，后来还收到我的诗词集中，但在展览会上并没拿出来，他们可能误认为有点"刺"，因为他们可能感觉到在他声名高了之后，其他几个师兄弟可能对他有些不满，也不愿和他多往来，觉得他有点看不起吴老师，以致和吴老师的关系闹僵。其实我的诗都是称赞他的，并坚持认为他的艺术成就和吴老师的培养是分不开的，正如其二所说：

弱冠从师受艺初，耕烟（王石谷）名迹几番摹。灵怀（吴镜汀）法乳通今古，壮岁芦塘似六如（唐寅）。

吴老师后来精神就有点错乱。据说吴老师有一位女学生，他很爱她。后来这个女学生出国留学去了，吴老师精神上受到了刺激。其实这位女学生不出国，估计也不会嫁给吴老师，因为她属于新派人物。吴老师家原是开药店的，哥哥吴念贻又是有名的老中医，想尽办法给他治，最后不得不送到精神病院，后来终于治好了。解放后，提倡现实主义，吴老师响应号召，也到各地去写生，画的风格有所变化，不久因病故去了。

二五　吴镜汀《江山胜览》图（局部）

上世纪90年代我花重金从海外收购回他一大卷山水（图二五），这是他平生最好的作品之一，此卷由我出资，由香港《名家翰墨》出版。我现在还常常对着它把玩不已，一方面欣赏他高超的画艺，一方面缅怀他对我的教诲。我还保留了他与我合作的一幅扇面（图二六），这更是永久的纪念。

初以"文字狱"被杀。可见戴先生的家学渊源。他自己也是一位功底深厚的学者，如前所述，他是我曾祖任江苏学政时选出的拔贡（图二七）。所谓拔贡指各地科举考试中贡入国子监的生员，清乾隆以后每十二年才举行一次，由各府学从生员中挑选，名额很少，保送入京，经朝考合格后，可任

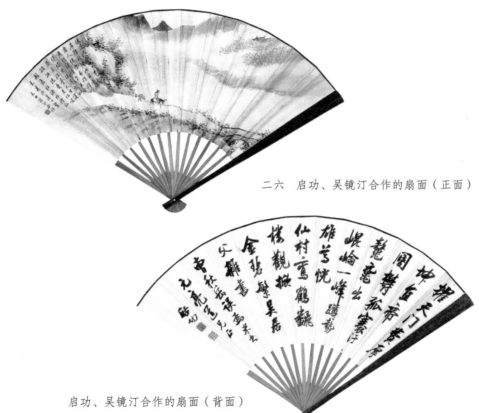

二六　启功、吴镜汀合作的扇面（正面）

启功、吴镜汀合作的扇面（背面）

戴姜福。戴姜福先生字绥之，江苏人，别号"山枝"，其意是影射自己为戴南山的支派。戴南山名名世，明末人，著名学者，清

京官、知县或教职。戴老师被我曾祖选为拔贡后，也照例入京参加考试。那一年参与阅卷的是著名学者李慈铭（越缦），他的《越

缦堂日记》是一部非常有价值的著作，记载了很多读书的方法和心得。这些日记曾被人借阅，有一部分找不到了，后在琉璃厂发现了十一本，我买到了其中的前几本，后来古籍书店把这十一本全复印出版。李慈铭在当时享誉学林，连翁同龢去见他也要在帖子上恭恭敬敬地写上"越缦先生"。但他最初不是进士出身，官至御史后才反过来参加朝考，考前到处托人——不是托人帮助考中，他对考中充满信心，而是托人考中后千万别把他归入翰林一档，而要"归班"，继续任他的御史官，因为任翰林的那些官员，甚至他们的上级都是他的后辈，再向他们揖让敬礼，实在尴尬。也就是说，他参加考试并不是为了升迁，而为证明自己的实力。戴老师在他的门下考中举人，此事在《越缦堂日记》中有记载，可见他是一位资格很老的前辈学者。但他从没把举人的头衔看得太重，始终以拔贡为荣，逢人作自我介绍时，总说自己是某某年的江苏拔贡。

前清时，戴老师很早就从政界退下来，以教书为生，他曾做过赵尔丰的秘书，辛亥革命时，赵尔丰在四川被杀，戴老师一家便从成都逃了出来，由重庆坐船东下，在滟滪堆不幸翻船，戴师母

遇难，后来戴老师娶了戴师母的一个丫鬟做小太太，照顾他的生活，她死于上世纪70年代，距戴老师故去有很长时间，我们几个学生照例去吊唁过她。

戴老师到北京后，先在北洋政府下设的"评政院"任职，评政院本是挂名衔门，没什么实际事可做。北伐后，评政院被解散，戴老师只好去教家馆。定好星期几，他先到东单的赵家，再到礼士胡同的曹家教他们的孩子读书。赵家即赵尔丰的儿子赵叔彦，戴老师教的是赵叔彦的儿子赵守俨，后来他成为中华书局的栋梁之材。曹家也是大家族，世代都是中医

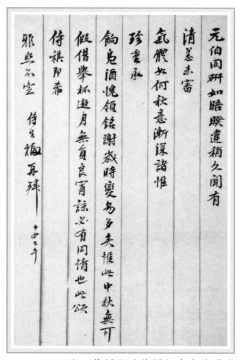

二七　戴绥之（姜福）先生的墨迹

国手。老先生叫曹巅一（君直），是西太后由苏州请到北京的名医，专门给西太后看病。他也是我曾祖做江苏学政时的门生，算是我家的世交，跟我的祖父交谊深厚，情如兄弟。他有几个儿子，七爷叫曹元森（就是我前边说过的曹七先生），也是数一数二的中医国手。他的夫人是当时有名的才女，能文、能诗、能画。戴老师就教他们的儿子曹岳峻。曹岳峻当时已经工作了，挂了很多职位，都是他父亲给当时的总统、军阀、达官贵人看好病后赏的挂名差事，他也用不着正式上班，有时间继续跟戴老师学习。我也在这里跟着戴老师念书，算是"附学"。那时我虽然已上了汇文中学，而且快毕业了，但更有兴趣的是下午四点跑到礼士胡同曹家随戴老师学古文，那时，曹岳峻已经下课，戴老师留下再单独教我一会儿。

戴老师既重视基础教育，又很善于因材施教，他对我说："像你这样的年龄，从'五经'念起，已经不行了，还是重点学'四书'和古文吧。至于'五经'，你可以看一遍，点一过，我给你讲讲大概就可以了。"于是我把《诗》《书》《礼》《易》《春秋》（《左传》）都点了一遍，有不对的地方就由老师改正。至于古文，老师让我准备了一套《古文辞类纂》，让我用朱笔从头点起，每天点一大摞，直到点完为止，一直点了好几个月。后来又用同样的办法读了一部《文选》。经过这番努力，我在较短的时间内，打好了古文基础。后来老师又让我买了一套浙江书局出的《二十二子》，即二十二种子书。为什么单买这套呢？这自有他的眼光和见识。二十二子的第一子是《老子》，浙江书局的《老子》用的是王弼的注，而不是河上公的注。读了王弼的注我才知道他的很多观点与《韩非子》的《解老》《喻老》一样，从而能把两家打通，懂得法家往往要从读《老子》、治老学开始，并明白《史记》把老子和韩非子放在同一传内是有内在原因的。这就是戴老师的高明之处，选择的教材都大有学问；入门的门径选得好，就能事半功倍。戴老师不赞成程朱理学那一套说教，我记得有一回他给我出的作文题目是"孔孟言道而不言理"，这题目本身就具有启发性。为了让我写好文章，老师从头给我讲孔孟的学说怎样，程朱的学说又怎样，又着重指出，程朱一派原来叫道学，后来才标举理学，为的是强调他们好像掌握了真理，我听了以后大受启发。后来，我一直对程朱理学持反对态度，前几年还写了几篇持这种观点的文章，这些见解都是从戴老师那里接受过来的。戴老师对《墨子》也不感兴趣。《墨子》中有《备城门》等篇，文辞十分艰深，老师说，这几篇点点就算了，其意是不主张我接受墨派的观点，他宁肯同意韩非，也不同意墨子，学术观点非常鲜明，而且颇具个性。众所周知，《韩非子》是法家思想，在传统思想中是受排斥的，但戴老师却有自己独立的观点。还有一个事例能够充分证明这一点。我在点《古文辞类纂》时，戴老师有意抽出柳宗元的《封建论》让我先行点读，当时我还体会不出这里面有什么学术思想。说来也巧，几十年后，"四人帮"在搞评法批儒时，也大举标榜这篇文章，说它代表了法家思想，好像只有他们才了解这篇文章的价值，殊不知戴老师很早以前就非常注重它，只不过戴老师强调的是学术，而"四人帮"玩弄的是阴谋。

戴老师学问非常全面，音韵学、地理学、文字学都很高明。晚年不再教书，有人把张惠言一部专讲音韵的书稿拿来，请他帮助整理，我们平时很少听他讲音韵学，但很快他就把这一大摞尚未成型的书稿用工整的毛笔字整理好。他还有一本《华字源》，专讲文字，把要讲的字按"六书"分类，置于行首，然后在下面讲解它的含义构成及来源。我现在还保留着当时听课用的红格笔记，有些讲解现在还记忆犹新。如"赢"字，"亡"代表无，"口"代表范围，"贝"代表钱财，"凡"代表用手执，"月"代表盈亏，即不停地用手把钱财填进已空的范围内，就是"赢"，通俗易懂，深入浅出。

就这样，我随戴老师一直读到他患肺病去世，那一年正值西安事变（1936年），戴老师享年六十余。他去世时，我们几个师兄弟都去帮助办丧事，曹岳峻亲手为老师穿上入殓的衣服，我写了一幅挽联，可惜时间久远，没保留下来，我也记不清了。但戴老师为我打下的深厚的古文功底，帮我建立的独具个性的学术思想和善于因材施教的教学方法，却一直指导着我，恩泽着我，沾溉着我，这是我永生也不能忘记的。我终身的职业是教师，而且主要教授的是古典文学，而教授这些课的基础恰是这些年随戴老师学习夯实的。

溥心畬。溥心畬先生名溥儒，字心畬（图二八、二九）。按溥、毓、恒、启的排辈，他属于我曾祖辈，他家一直袭着王爵。心畬先生虽

我的童年和求学之路

二八　溥心畬先生遗像

二九　溥心畬先生书写的行书五字联

为侧室所生，但家资仍很富饶，所以在我眼中，他自然属于"贵亲"，不敢随便攀附。再说，他不但门第显赫，而且诗、书、画都有很高的造诣，在当时社会上享有盛誉，被公认为"王公艺术家"，我只是一个初出茅庐的后生晚辈，岂敢随便高攀人家为老师。但按姻亲关系论，他的母亲是我祖母的亲姐姐，他是我的表叔。这位大姨奶奶和我家一直有来往，她家原住在大连，每逢过年常给我们捎些礼物，其中包括给我的小玩具，有些我至今还保留着。

我十八九岁的时候渐渐在诗画方面有了些小名气，在一次聚会中遇到心畬先生，他是个爱才的人，便让我有时间到他那去，那时他住在恭王府后花园的萃锦园。但我的母亲早就教导我说，对于贵亲，要非请莫到，这条经验还是从袁枚的《随园笔记》中得来的：四任两江总督的尹继善，说袁子才就是"非请莫到"。但心畬先生却是真的爱才，在日后有见面机会时，他总是问我为什么不去，这样我才敢经常登门求教。

他对我的教授和影响是全面的。

他把诗歌修养看做艺术的灵魂，认为搞艺术，特别是书画艺术当以诗为先，诗做好了书画自然就好了。他高兴的时候，还把他的诗写在扇面上送给我，我至今还保留着他小行草的《天津杂诗》的扇面。我其实最想向他学画，但每次提起，他总是先问做诗了没有？后来我就索性向他请教做诗的方法。他论诗主"空灵"，但我问他什么是空灵，他从来没正面回答过，有一回甚至冒出一句"高皇子孙的笔墨没有一个不空灵的"，我听了差点要笑出来。为了让我体会什么是空灵，他让我去读王（维）、孟（浩然）、韦（应物）、柳（宗元）四家集。这是他心目中"空灵"的最高境界。但我读了之后，并没什么太多的收获。王维的作品原已读了很多，并没什么新体会，孟浩然的作品料太少，没什么味道，柳宗元的作品太冷峻，也不太合我的胃口，只有韦应物的作品确实古朴清新，给我一些新启发。溥心畬的诗作很符合他提倡的"空灵"说。他早年有一本手写石印的《西山集》，后来又出了一本《寒玉堂诗集》，其中虽保留《西山集》的名目，但比我最先看到的要少了一些，其中有《落叶》四首。我见到这四首是他写在一小张高丽笺上，拿给我看，我非常喜爱，他就送给我。我把它夹在一本保存师友手札的册页中，放到一个箱子里，就没再动

过，保留到现在（图三〇、三一）。而《寒玉堂诗集》却没收这四首，不知是不是原稿已经遗失，但幸好，我当时一边吟赏，一边已把这四首背了下来，即使我的收藏也不在了，我仍然能把它们补上。我不妨背两首，也可看看他的"空灵体"到底是什么风格：

昔日千门万户开，愁闻落叶下金台。寒生易水荆卿去，秋满江南庾信哀。西苑花飞春已尽，上林树冷雁空来。平明奉帚人头白，五柞宫前梦碧苔。

微霜昨夜蓟门过，玉树飘零恨若何。楚客离骚吟木叶，越人清怨寄江波。不须摇落愁风雨，谁实催伤假斧柯。衰谢兰成应作赋，暮年丧乱入悲歌。

这种诗文辞优美，音调摇曳，外壳很像唐诗，但内在的感情却有些空泛，即使有所寄托，也过于朦胧。所以当时著名学者，溥仪的师父陈宝琛说"儒二爷尽做'空唐诗'"。这一评价挺准确，在当时就传开了。后来又有一位老先生，也是我汇文的老师，叫郑骞，把"空唐诗"误传为"充唐诗"，如果真的以此评价，又未免贬之过甚了。读他的"空唐诗"多了，我也会仿作。有一次我画了一个扇面，想让他指点，但他一向是一提画就先说诗，所以我特意在

我的童年和求学之路

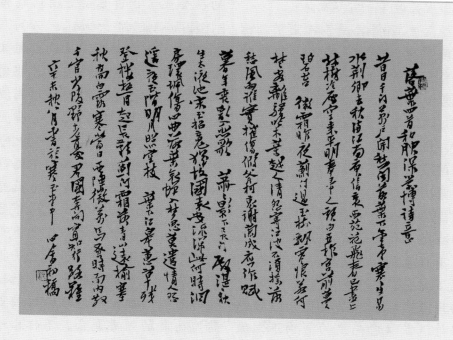

三〇　溥心畬先生《落叶诗》四首墨迹

三一　溥心畬、溥雪斋、祁井西、吴镜汀合作山水扇面

扇面上又做了一首题画诗：

> 八月江南岸，平林欲著黄。清波凝暮霭，鸣籁入虚堂。卷幔吟秋色，题书寄雁行。一丘犹可卧，摇落漫神伤。

他接过扇面，果然先不看画，而看诗，仔细吟读了一会儿之后，突然问我："这是你做的吗？"我忍着笑回答："是。"他又反复看了一阵，又问："真是你做的吗？"这回我忍不住笑了，答道："您就说像不像您的诗吧？"他也高兴地笑了起来，这才对我的画作了一些评点。现在检点我年青时的一些诗，在心畬先生的影响下，确实有几首类似他的风格，但那仅是仿作，之后就很少有这类作品了。

那时在心畬先生那儿学诗还有一个机会：每年当萃锦园的西府海棠盛开时，心畬先生必定邀请当时知名文人前来赏花。在临花圃的廊子上随便设些桌椅茶点，来的人先在素纸长卷上签名，然后从一个器皿中拈取一个小纸卷，上面只注一个字，即赋诗时所限的韵。来人有当场做的，也有回去补的。这是真正的文人雅集，类似这样的雅集，还有溥雪斋的松风草堂，溥雪斋先生是著名的书画家（图三二），而且精通音乐，他那里的集会多以书画、弹琴为主，每次集会，俨然就是一次小型

的画会或古乐音乐会。有时还做"押诗条"（也称"诗谜"、"敲诗"、"打诗宝"）的游戏，这是当时文人的一种带有赌博性质的文字游戏。方法是把古人的一句诗写在一张长条纸上，但要隐去其中一字，而把它写在纸尾，另配四字，写在旁边。猜的人就五字中选择一字，选中为胜。游戏者可选择不同的赔率，如一赔三，即下注一元，出诗的赔三元。直到上世纪50年代，我和溥雪斋先生、王士襄先生还在张伯驹先生家玩过这种游戏。不过我们玩的比纯以赌博为目的的更复杂，不但出一句，而且出一首，每句都可押一字或一词。这种游戏对练习琢磨

三二　溥雪斋遗像

古人是如何用字遣词是很有帮助的。我的《启功韵语》中有几首"社课"之作，都是那种背景下写的，只不过有些作品已经超出当时的环境借题发挥了。如这首《社课咏福文襄故居牡丹限江韵》：

东栏斗韵秉银缸，尊酒花时集皓庞。易主园林春几许，应图骨相世无双。碧红色乱苍苔砌，楼阁香凝玉女窗。莫问临芳当日事，寸根千载入危邦。

如果说前边的一些描写还有"空唐诗"的痕迹，那么结尾的"寸根千载入危邦"就别有用意了，因为那时溥仪刚刚离开天津，只身潜到东北，我对他的前途充满忧虑。这些作品交卷时，总会得到别人的一些指教。我记得经常出入心畬先生公馆和宴集的有一位福建人李宣倜，号释堪，行十三，"十三"的音，正好和"释堪"相近，大家就称他为"李十三"；还有一位叫李拔可，行八，大家根据谐音称他为"李八哥"。每当我拿着习作向他们请教时，他们能分析出某首诗先有的哪句，后凑的哪句，哪句好，哪句不好，为什么押了这个韵，分析得头头是道，令我很佩服，很受教益。李释堪的儿子和我是中学同学，所以关系更为密切，我称他为李老伯，还常到他家去。他特别喜欢

梅兰芳，与梅兰芳关系很好。因为他曾在汪伪政府任过伪职，所以光复后被当做汉奸关押过一阵，释放后生活很潦倒，梅兰芳就让他的女儿梅葆玥跟他读书。其实，梅老板也没指望梅葆玥跟他学多少东西，而是找这样一个机会周济一下他的生活，这在当时也算是一件美谈。梅兰芳还和我说过："他们（指自己的子女）都学别的了，我就留了一个小玖（指梅葆玖）学我这行。"他虽然没提梅葆玥，但她的老生唱得实在好。解放后，我受命到上海筹备成立中国画院的事，还在戏院里见到过李老伯，后来就失去了联系。

我向心畬先生学画的想法始终没断，怎么入手呢？正在焦急的时候，突然天赐良机。有一回我在旧书摊上无意发现一套题为清素主人选编的《云林一家集》。所谓"云林一家"，并非指元代画家倪云林，而是指诗风全都讲"空灵"的唐人诗，书商不知"清素"是谁，卖得挺便宜，其实他就是心畬先生的父亲，看来他讲空灵是有家学渊源的。我曾听他说过，这书虽是他父亲选的，但由于时间久远，出版得又少，他家里已找不到此书了。我赶紧把它买下，恭恭敬敬地送给他。他非常高兴，问我多少钱买的，要给我钱。我

说这是孝敬您的，他就不断地念叨着："这可怎么谢谢你呢？"我便乘机说："您家那幅宋人的手卷（后来我发现只是元明人的作品）能不能借我临一临？"这是我早就看上的作品。他痛快地答应了。我拿回家后认真地临了两幅，所以花的时间比较长，到后来他不放心了，派听差的来问。我让他转告："请老爷子放心，等我一临完，保

三三　溥心畬《边风吹雪图》

证完璧归赵。"他才放心。我临的这两幅，一幅画在绢上，装裱过，后来送给陈垣老校长，他又转送他弟弟。另一幅画在纸上，至今还应在我手中。心畬先生的中堂外，挂着两个方形四面绢心的宫

灯，每面绢上都是他自己画的山水，一个是临夏珪《溪山清远图》的，原图不设色，而临作是加色的，虽然是淡淡的，却别有风味；一个就是临我临的这幅无款山水卷，每次我到他家去，总要在灯前欣赏半天。贵族艺术家的气派和气质，就是不同凡响，还没进屋就能感受到艺术氛围扑面而来。

有一回最开眼界的经历令我

三四　溥心畬《骏马图》（1959）

终生难忘：心畬先生有很多艺术界、学术界的朋友，他们经常光

顾萃锦园。一回，著名画家张大千先生也应约光临。当时有"南张北溥"之说，这两位泰斗聚在一起举行笔会，自然是难得的艺坛盛事，大家都前来观摩，二位也特别卖力气。只见大堂中间摆着一张大案子，二位面对面各坐一边，这边拿起画纸画两笔，即丢给对方，对方也同样。接过对方丢来的画稿，这方就根据原意

三五　溥心畬《浅绛山水》

再加几笔，然后再丢回去。没有事先的商定，也没有临时的交谈，完全根据对对方的理解，如此穿梭接力几回，一幅，不，应是一批精美的作品便产生了，而且张张都是神完气足，浑融一体，看不出有任何拼凑的痕迹。真让人领教了什么叫"心有灵犀一点通"，什么叫信手拈来，挥洒自如。不到三小时就画了几十张，中间还给旁观的人画了几幅扇面，我还得了张大千先生的一幅。最后两人各分了一半，拿回去题款钤印，没画好的再补完（图三三～三五）。据我所知，曾在《人民日报》负责制版的张树蕴先生手中就有两开这次的作品，他的叔叔在《体育报》，善于摄影，我全家合影就是他拍摄的。

最后再说说齐白石（萍翁）先生（图三六）。我有一个远房的四叔祖，叫毓邀，他开棺材铺，曾给齐先生做过一口上等好寿材，因此和齐先生有些交情。他专喜欢齐先生的画，认为凡画齐先生那路画的就能赚钱，而我家当时很穷，他就让我向齐先生学画。齐先生最佩服金农（冬心），什么都学他，尤其是字。金农喜欢称自己的号"金吉金"，又进一步把两个"金"字改用外来语"苏伐罗"，

于是变成"苏伐罗吉苏伐罗"。我常开玩笑说，齐先生如果连称自己的名字也学金农的话，他应该叫"齐——white——stone"。齐先生称自己是著名学者王闿运先生的学生，王闿运也是风云一时的人物。当年袁世凯请他进京，特别优待让他直接进新华门，他却指着新华门说这是"新莽门"，意在讽刺袁世凯是窃国大盗，就像西汉末年篡汉建立"新"朝的王莽。王闿运也自称手下有两个最得意

三六 齐白石像

的学生，一个木匠，一个铁匠，这木匠就是指齐白石。齐先生也有梗直的一面，沦陷时期，国立艺专聘他为教授，他在装聘书的信

封上写下"齐白石死了"五个字，原信退回。有一个伪警察想借机索要他一张画，被齐先生严词拒绝。齐先生画的艺术成就不用我多说，我跟他也确实学到很多东西，开了不少眼界。比如他善于画虾，没见他亲笔画之前，我不知他那神采飞扬的虾须是怎么画的，及至亲眼所见，才知道他不是转动手，而是转动纸，把纸转向不同的方向，而手总朝着一个方向画，这样更容易掌握手的力量和感觉，这就是窍门，这就是经验。又如一次我看他治印，他是直接把反体的印文写到石料上，对着镜子稍微调整一下。在刻一竖时，他先用刀对着竖向我说："别人都是这边一刀，那边再一刀，我不，我就这么一刀，这就是所谓的单刀法。"说完，一刀下去，果然效果极佳，一边光顺顺的，一边麻渣渣的，金石气跃然刀下，这就是刀力，这就是功力。

我最喜欢的是他那些充满童趣和乡土气息的作品。我的诗集里有这样一首诗：《齐萍翁画一妇人抱一小儿，儿执柏叶一枝，题首柏寿二字，又题云："小乖乖，拜寿去。"》诗云：

小乖乖，拜寿去。老乖乖，多妙趣。此是山翁得意处，我亦相随有奇句。

我的童年和求学之路

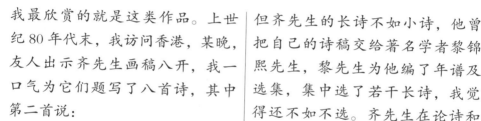

我最欣赏的就是这类作品。上世纪80年代末，我访问香港，某晚，友人出示齐先生画稿八开，我一口气为它们题写了八首诗，其中第二首说：

> 牧童归去纸鸢低（山翁句），牛背长绳景最奇。处处农村皆入画，萍翁不断是乡思。

也是称赞这种风格。但他有些理论比较怪异，至今我都不太理解，比如有人问"画树的要领是什么"，他说"树干、树枝一定都要直，你看大涤子（石涛）的树画得多直"，怎么能"都"直呢？我现在也想不通，再说他自己和石涛画得也未必"都"直，所以有人让我鉴定齐白石和他欣赏的石涛的画时，我常开玩笑说："这是假的，为什么呢？因为树画得不直。"

齐先生曾自称书优于画，诗优于书。在我看来他的诗确实不错，特别是小绝句和那些朴实无华、充满童趣的诗句很有意思，如上引的"牧童归去纸鸢低"以及"两崖含月欲吐珠"等，我曾有《齐萍翁画自识云：'人生一技故不易，知者犹难得也。'因广其意题此》一诗称赞道：

> 一生三绝画书诗，万里千年事可知。何待汗青求史笔，自家腕底有铭辞。

但齐先生的长诗不如小诗，他曾把自己的诗稿交给著名学者黎锦熙先生，黎先生为他编了年谱及选集，集中选了若干长诗，我觉得还不如不选。齐先生在论诗和作诗时，有时会出现一些错误，如他说金农的诗虽然不好，但词好。我记忆中金农并没有什么好的词作，就问他为什么，他说："他是博学鸿词啊。"其实博学鸿词是清朝科举考试的一种门类，和"诗词"的"词"毫无关系。他有一首写给女学生的诗，其中有一句为"乞余怜汝有私恩"，这有点不伦不类了。我这里虽然挑了他一些毛病，但并不妨碍我对他的尊敬，他也挺喜欢我，总管我叫"小孩儿"，常念叨："那个小孩儿怎么老没来？"就凭这句话，我就应恭恭敬敬地叫他一声老师。

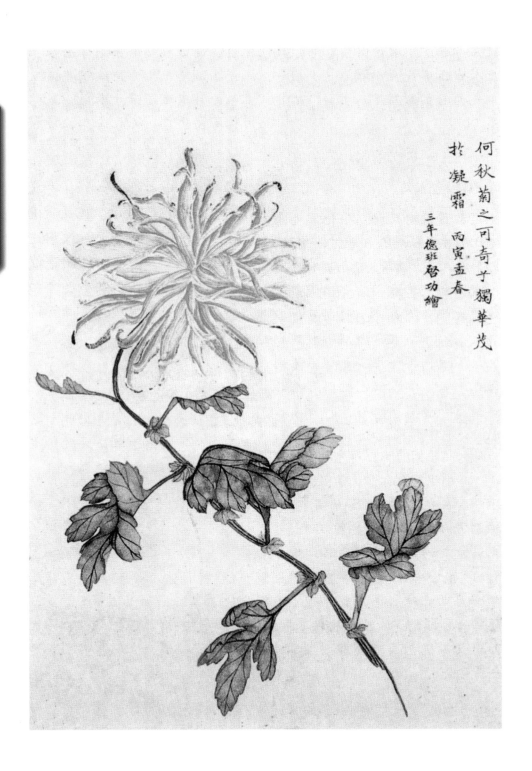

何秋菊之可奇于獨華茂

於凝霜　丙寅孟春

三年德班啟功繪

第三章　我与辅仁大学

一、三进辅仁

我能进辅仁大学，并一直工作到现在，还要从邵老伯和唐老伯说起。我十一岁时，他们帮助我家募集了2000元的七年公债，每月可得30元的利息，到十八岁，这笔公债已用完了。那时我刚中学肄业，还没找到工作，只能靠临时教些家馆，维持生计，偶尔卖出一两张画，再贴补一些。邵、唐二位老伯对我真叫负责到底、仁至义尽、善始善终，他们认为最稳妥的长久之计是为我谋一份固定的工作，于是在我二十一岁时，找到四川同乡傅增湘先生帮忙，他慨然应允。

傅老先生是我曾祖的门生，（图三七～三九），他在参加殿试时，我曾祖是阅卷官之一，在他的卷子上画过圈。傅老先生在当时是著名的社会名流和学者。早年肄业于保定莲池书院，当时书院的山长是桐城派著名学者吴汝纶，他十分欣赏傅老先生的诗文。光绪二十四年（1898）考中进士，入翰林，任编修，又升为直隶提学使。当时改革风气初开，傅老先生率风气之先，创办女子学校，培养了大批女子人才，直到晚年，当时的女学生还常登堂求教。北洋政府时，因教育成就显著，受

三七 傅增湘先生像

任教育总长，后因不满时政，尤其不满当局干涉蔡元培在北大的改革而辞职。后又将精力转向筹办辅仁大学的前身"辅仁社"，又任辅仁大学董事会董事长，对辅仁大学有开创之功。傅老先生博学多闻，退出政界后搜罗古籍，校勘群书，达一万六千余卷，后都无偿捐献北京图书馆，在此基础上出版了大量有关古籍的专著。傅老先生与时任辅仁大学校长的陈垣先生交谊笃厚。他任教育部总长时，陈校长任教育部次长，他下野后，陈校长接任他做护理部务，掌管大印，相当于代理总长，后来辞去政务，应英敛之之请，专职任辅仁大学校长。二人之间

可谓长期共事，于是傅老先生决定为我的事去找陈老校长。而老校长从此成为我终生的大恩师，为了能更清晰地表述陈校长对我的培养，不妨先对他作一简介，特别是我见到他之前的一些情况：

陈校长名垣，字援庵，生于清光绪六年（1880），广东新会人（图四〇～四二）。幼年受私塾教育，熟读经书，但他自称"余少不喜八股，而好泛览"（《陈垣来往书信集》），研读了大量的子书和史书，

三九　傅增湘先生墨迹

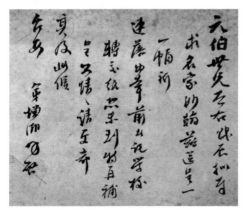

三八　傅增湘给启功的信

接受了很多实用之学。但受时代风气所限，仍不得不走科举之路，于是他"一面教书，一面仍用心学八股，等到八股学好，科举也废了，白白糟蹋了两年时间，不过，也得到一些读书的方法，逐渐养成刻苦读书的习惯"（《谈谈我的一些读书经验》）。这期间他参加过县试、府试。二十一岁时先取为新会县试第一名（案首），

同年参加广州府试。按惯例，各县案首府试无不取之理，但主试的广州知府施典章对陈垣先生文章中表现出的新思想不满，竟在卷子上批道"直类孙汶（文）之徒"，后又把"孙汶"圈去改为"狂妄"。所以最初陈垣先生不在复试之列，但在舆论的压迫下，府学不得不在最后时间把他的名字补上。而复试的题目为"出辞气，

四〇　陈垣先生在书房

斯远鄙倍矣"。这显然是针对陈垣先生初试文章的"狂妄"而发的。但这次陈垣先生按部就班、四平八稳地作起了八股文章，那位施知府也无话可说，于是陈垣先生顺利通过府试和院试，考取了秀才。后来他在回忆这次经历的时候曾作过这样两句诗："犹忆当年施太守，嗤余狂妄亦知音。"同年又参加顺天府乡试，广东甄某请陈先生代考，于是陈先生在考试时一口气作了两篇文章。张榜结果，自己的那一篇没中，而给甄某的却中了。"究其原因是自己的文章思想奇特，不合当时口味，越用心越南辕北辙。代别人作文，不下工夫，作普通文章，反而中了。"（见《陈垣年谱》）但也有收获——得到甄某3000元酬金，把历年从家中支出的钱全部还清。第二年又补为廪膳生，即可以拿到"廪"——实物和"膳"——伙食的双重补助的生员，再次参加开封乡试，仍未录取，从此彻底放弃科考，投入宣传新文化运动及反清斗争和辛亥革命，曾参与及创办《时事画报》、《震旦日报》，宣传革命。后又大力兴办教育，在新会、广州教过小学、中学，又考入美国人在广州开办的博济医学院学习西医，后又与广州医学界的中国名流创办光华医

学校和《医学卫生报》、《光华医事卫生杂志》。1912年与广东医学共进会同人欢迎孙中山并摄影留念。1913年当选众议院议员，北上北京，又创办北京孤儿园，北京平民中学。这时期他的学术研究也取得很大成就，特别是在历史考据方面的成就更令人瞩目。1919年积极参加五四运动，亲自上街游行。由于社会影响日益显著，1921年任教育部次长、代理部务，兼任京师图书馆馆长。1922年起担任北大研究所国学门导师。同年辞去教育部任职，专心于办学与学术研究。1925年任故宫博

四一　陈垣先生像

物院理事兼图书馆馆长，1926 年任辅仁社社长。1929 年起任辅仁大学校长，1952 年辅仁大学与北京师范大学合并，继任北京师范大学校长，直到 1971 年故去，享

四二　陈垣先生在写作

年九十一岁。陈老校长毕生投入到教育事业和学术研究中，是中国现代伟大的教育家和史学家。

他的学术著作《通鉴胡注表微》、《二十史朔闰表》、《中西回史日历》、《史讳举例》、《元典章校补》、《元西域人华化考》、《中国佛教史籍概论》、《明季滇黔佛教考》等都是史学界不朽的著作。陈老校长作为史学家有三个鲜明的特点：一是他最擅长宗教史，他出身于信仰基督教的家庭，从小归依基督教，所以对基督教史，特别是中国传入史有非常深入、精辟的研究，后来他又广集佛教典籍，因此对佛教历史典籍也有非常广泛的研究，如《中国基督教史》、《开封一赐乐业教（即以色列教）考》、《元也里可温（即天主教）考》、《摩尼教入中国考》、《火祆教入中国考》（以上四种合称"古教四考"）、《中国佛教史籍概论》等，都是这方面的杰出成果。二是非常强调把中国的各民族当成一个整体的中华民族来研究，强调中华民族的相互融合和整体文化，如他的《元西域人华化考》即是这样的代表作。三是充满爱国激情，把历史学和爱国主义紧密地联系在一起。在抗日战争时期，他曾语重心长地说："从来敌人消灭一个民族，必从消灭他的民族历史文化着手。中华民族文化不被消灭，也是抗敌根本措施之一。"而他的《通鉴胡注表微》就处处渗透着抗敌御侮的思想和用心。试想，能到这样一个大学者手下工作不是非常难得、非常荣幸的事吗？

所以我至今还清楚记得傅老先生介绍我与陈校长会面时的情景：

我先到傅家，把我作的几篇文章和画的一幅扇面交给傅老先生，算作我投师的作业。他嘱咐我在他家等候，听他回信。然后拿着这些东西直接到陈老校长家。当时我的心情既兴奋，又紧张，我

知道这是我人生的一次重要机遇，我渴望得到它，又怕失去它，为了它，两位学术大师，一位前总长，一位前副总长亲自过问，这怎么能让我不感动？好不容易盼到傅老先生回来，他用平和的语气传达了令我激动的消息："援庵先生说你写作俱佳。他的印象不错，可以去见他。"又叮嘱道："无论能否得到工作的安排，你总要勤向陈先生请教，学到做学问的门径，这比得到一个职业还重要，一生受用不尽的。"就这样我得以去见陈校长。初次见面还未免有些紧张，特别是见到他眉宇间透出的一股肃穆威严之气，甚至有些害怕。但他却十分和蔼地对我

四四　辅仁大学附中旧景

说道："我的叔叔陈简墀和你祖父是同年的翰林，咱们还是世交呢。"一句话说得我放松下来，还产生了一种亲切感。但事后我想，老先生早已参加资产阶级革命，不会对封建科举制度看得那么重要，他这样说是为了消除我的紧张情绪，老先生对青年后生的关爱之心可见一斑。

之后，老校长即安排我到辅仁附中教一年级国文（图四三、四四），在交派工作时，详细问我教过学生没有，教的是什么，怎么教的？我把教过家馆的情况报告了一番，陈校长听了点点头，又嘱咐我说："教一班中学生与在私塾屋里教几个小孩子不同，你站在台上，他们坐在台下，人脸是对立的，但感情万不可对立。中

四三　辅仁附中教职员名录

職教員姓名錄			
郭宴廷	河北饒縣	輔仁大學單業	國文	二十三年九月
審永昌	北平	輔仁大學修業	國語	二十三年九月
程萬里 綏後	河北固安	師範本科單業	英文	二十三年九月
楊承祿 綏後	湖北武昌	輔仁大學單業	勞作	二十三年九月
楊喜齡	黑龍江安達	輔仁大學單業	英文	二十三年九月
啟功 元伯	安徽青陽	輔仁大學單業	歷史	二十二年九月
董世祚	四川巴縣	輔仁大學修業	算學	二十一年九月
盧遂曾 雅孺	山東萊燕	北京大學單業	地理	二十一年九月
劉儒林	河北楓音	北京大學單業	地理	二十年九月
劉國聰	河北天津	輔仁大學修業	生理衛生	二十年九月
鞠恩樹	河北	國立師範大學理 學士	镥育	二十年九月

以上初中

学生，特别是初中一年级的孩子，正是淘气的时候，也正是脑筋最活跃的时候，对他们一定要以鼓励夸奖为主，不可对他们有偏爱，更不可偏恶，尤其不可随意讥诮讽刺学生，要爱护他们的自尊心。遇到学生淘气、不听话，你自己不要发脾气，你发一次，即使有效，以后再有更坏的事发生，又怎么发更大的脾气？万一无效，你怎么收场？你还年轻，但在讲台上就是师表，你要用你的本事让学生佩服你。"上班后，我自然不敢怠慢，按陈校长的嘱咐，努力上好每一节课。几十年后，还有当时的学生记得我和我的课，称赞我的课生动有趣，引人入胜，使他们对古今中外的文学发生了浓厚的兴趣。应该说我的教学效果还不错，但一年多后，即被分管附中的辅仁大学教育学院的张院长刷掉。他的理由很冠冕堂皇，说我中学都没毕业，怎能教中学？这与制度不合。于是我一进辅仁的经历就这样结束了，这对我不能不是一个严重的打击。

但陈校长却认定我行，他也没有洋学历，自报家门时总是称"广东新会廪膳生"，他深知文凭固然重要，但实际本领更重要。他又根据我善于绘画，有较丰富的绘画知识的特点，安排我到美术系

四五　启功在美术系任教时的照片

去任教，但限于资历，只能先任助教，教学生一些与绘画相关的知识，如怎样题款、落款、铃印等（图四五、四六）。说实在的，凭我的绘画功底和从贾老师、吴老师、溥心畬先生、溥雪斋先生、齐白石先生那儿学到的东西，做个美术系区区的助教绰绰有余；实践也证明我能胜任，很多当时美术系的学生至今还与我保持着密切的联系就能充分说明这一点。但不幸的是分管美术系的仍是那位张院长，孙悟空再有本事，也跳不出如来佛的手心，一年多后，他再次以资历不够为理由把我刷下。当时陈校长有意安排我到校长

室做秘书，便让柴德赓先生来征求我的意见。我当然想去，以便有更多的机会接触陈校长，但我的处事态度有点守旧，先要照例客气一番："我没做过这样的工作，我怕能力不够，难以胜任啊！"柴德赓回去向陈校长汇报时却说，启功对我郑重其事地说他不愿来，这真叫我有口难言。于是他把一个和自己非常熟悉的学生安排了进去，也许我那番"谦逊"的话正中柴德赓先生的下怀，他很想借这个机会安排一个人，以便更多地了解、接触陈校长。后来陈校长见到我就问："你为什么不愿来呢？你还应好好学习啊！"我

四六　辅仁大学美术系教学楼

一听就知道陈校长误会了，但也无法解释了。就这样我不得不暂时离开辅仁，结束了我二进辅仁的经历。

那年正是1937年，7月7日爆发了卢沟桥事变，日本帝国主义迅速占领了北平。北平人民遭受了空前的灾难，物价飞涨，通货膨胀。不用说流离失所的难民了，一般的小康家庭都难以为计，更何况我刚刚工作又失业，生活又面临着重大的危机。我不得不临时去教一两家家馆，再靠写字画画卖些钱，勉强地维持生活。

到次年三月，我的八叔祖看我生活实在困难，出于好心，想帮我找个工作，他本人在日本人控制的市政府下做小职员，给我介绍工作也只能从这方面找，严格地说就是找伪职，当伪差。他从商店买了张履历卡，填上我的姓名、年龄、籍贯等。我一看他把我的姓名写成"金启功"，就很不高兴，因为我爷爷早就发过誓："你要是姓了金就不是我的孙子。"于是我争辩道："我不叫金启功啊。"他连哄带压地说："这有什么关系，你不看现在是什么时候，我现在不是也叫金禹宗了吗？"当时家族的势力还很强，宗族观念还比较重，虽然一提"金启功"我心里就恶心，但又不好当面坚决抵

制，这样就迫不得已地叫了一回金启功。他把履历表交给当时任日本傀儡政权委员长王克敏手下的祝书元。正当我还在犹豫的时候，恰巧又赶上日本顾问与王克敏被刺事件。当时刺客向他们开枪，王克敏先趴下，日本顾问被击中，倒在王克敏身上，王克敏算是躲过这一劫。日伪政权当然大为恼火，全城戒严，到处抓嫌疑犯，形势非常紧张。很多人受到牵连，如王光英先生就被抓进煤渣胡同的特务机关。当时我如坚持不去，也很容易被怀疑与此案有牵连。我母亲和姑姑也吓得束手无策，乱了方寸，都劝我说："别惹事了，还是去吧，看看再说。"这样我就身不由己地干上了伪职。那个单位属于秘书厅下的一个科室，按职位排有科长、科员、助理员、书记，我做的是助理员，一个月能挣30元，勉强养家糊口。但幸好的是，机关里的工友听差还都叫我启先生。就这样我心神不宁地一直干到夏天。

没想到这时我的救星又降临了——陈校长找到我，问："你现在有事做没有？"我咬着后槽牙说："没有。""那好，真没事，九月份发聘书，你就回辅仁跟我教大一国文吧。"听到这个意外飞来的好消息，我高兴得简直要疯了。

我本来就不愿干伪职，只是迫于生计和叔祖的好意，更不愿就此真的姓了金，正好像是在苦海里挣扎，这回总算是得到解救。我赶紧回家告诉母亲，激动地想起一句戏词，攥起双拳，仰天大叫："没想到我王宝钏还有今日啊！"我的母亲和姑姑也都高兴得直哭。第二天一早我就到秘书厅找到负责人祝书元说："我现在身体不好，老咳嗽，昨天我去看病，医生说我是肺病，我只能辞职了。"也不知他信不信我这套假话，反正他没强留我，只是问："谁能接替你啊？"我说："我们这儿比我位置低的只有那位书记，他可以。"祝书元就按我说的向上边打了报告，真的就这样定了。事后这位书记还常给我写信，很感激我对他的推荐，直到去年还给我来过信。可见人都是很善良的，为人家做了点好事，人家就会感激你，虽然我当初推荐的并不是什么光彩的事。但无意中又得罪了那位科员，他知道后好一阵埋怨我不该推荐那位书记，原来他想把自己的人塞进来。就这样我于1938年9月第三次回到辅仁，直到今天，六十六年再也没离开过它。

回想我一生，除了秘书厅这件事，我从没做过不清不白的事，1938年春夏之际的三个多月，在我的人生道路上留下了一个污点。解放后不久，曾发起"忠诚老实学习交代会"，我积极响应号召，真的十分忠诚老实，把干过几个月伪差的事原原本本向组织作了交代。当时开会的地方在女院（恭王府），散会后我就直奔南院校长办公室，找到陈校长，非常惶恐地向他说："我报告老师，那年您找我，问我有没有事，我说没有，是我欺骗了您，当时我正做敌伪部门的一个助理员。我之所以说假话，是因为太想回到您身边了。"陈校长听了，愣了一会儿神，然后只对我说了一个字："脏！"就

辅仁大学校门

这一个字，有如当头一棒，万雷轰顶，我要把它当作一字箴言，警戒终身——再不能染上任何污点了。

陈垣先生故居

二、循循善诱与登堂入室

这次回辅仁不但心情特别愉快，而且特别踏实（图四七~四八）。陈校长让我和其他几个人各教一个班的大一国文，而他自己也亲自担任一个班。他一边教他那班学生，还要带我们这"班"青年教师，我们可以在同一课程内直接向他请教，请他指点，这不是天赐良机吗？也可以说，陈校长为培养我们这些人，特意创造了一个可以手把手教我们的机会。他提携诱导年轻后学真是煞费苦心。他在开学之前又谆谆教导我说："这次教大学生又和中学生不同。大学生知识多了，他们会提出很多问题，教一堂课一定

四八　在辅仁大学教大一国文时的启功

要把有关的内容都预备到，要设想到学生会提出什么问题，免得到时被动。要善于疏通课堂空气，不要老是站在讲台上讲，要适当地到学生座位中间走一走，一方面可以知道学生们在干什么，有没有偷懒、睡觉、看小说的？顺便看看自己板书的效果好不好，学生记下了没有，没有记下的就可顺便指点一下他们；更重要的是，这样可以创造一个深入他们的气氛，创造一个平等和谐的环境，让学生们觉得你平易近人、可亲可敬。到了大学更要重视学生实际能力的提高，要多让学生写作，所以上好作文课是非常重要的，批改作文一定要恰到好处，少了，他们不会有真正的收获，

四七　三十七岁时的启功

多了，就成了你给他重做，最好的办法是面批，直接告诉他们优缺点在哪里，他们要有疑问，可以当面讲解，这样效果最好。要把发现的问题随时记在教课笔记上，以便以后随时举例，解决一些普遍性的问题。"

陈校长在实际教学中也给我们作出了表率。我常去听陈校长的课，听了他的课，我更加深理解了老师为什么要选这篇作品，教授它的重点、难点、要求是什么。我不但为老校长精彩的讲解和渊博的学问所折服，也学到了很多教学经验。比如，最初我看他板书时每行（竖行）只写四个字，非常奇怪，就问他为什么，他说你坐到教室最后一排就知道了。我一试，才明白写到第四字，最后一排恰巧能看清、看完整，再多写一个字，就被讲台挡住，学生只有站起来才能看得见。仅此一件小事，就能看出老师是多么用心，多么细致。

除了我到陈校长课堂上现场取经外，陈校长还经常到我的课上把场传授。每次听完我的课都要指点一下，指点时照例以鼓励夸奖为主，一如他要求教师对学生的态度那样。对于问题，他总是用启发的口气同你商量，而且总是提一个头，不再多说，剩下

的让你自己考虑，比如说："这篇文章的时代背景很重要。"怎么重要呢？他点到为止，我下来就要仔细地查一查，而每到查完，总会有意想不到的收获。他还鼓励我们开展多种形式的教学，以调动学生的学习热情。比如，那时的大一国文都要开书法课，陈校长就建议我拿些帖拍成幻灯片，打出来给学生看。为了让学生看清楚，陈校长和我特意选择了辅仁大学东北角的阶梯教室。课由我讲，但指挥由陈校长担任，他用为上几何课预备的木尺敲桌子，每敲一下，管放映的人就放一张新幻灯片。这时课堂上就会爆发出一阵感慨声，看到好的，大家会由衷地表示赞叹，看到不怎么样的，如"龙门造像"中有的作品本来就很差，再一放大就更难看了，大家就会发出嘲笑声。等到感慨声稍微平静下来，我就给他们具体讲解这件书法作品的有关知识，并从用笔、结字、行气、篇章详细分析它的特点。讲得差不多了，陈校长就用尺子再敲一下桌子，于是又进入下一张的欣赏和讲解。我至今还清楚地记得老校长当时敲桌子的神采，那微笑的神情分明是对我的鼓励，我讲起来也特别能放得开，准备的讲得很充分，没准备的即兴发挥

得也很生动。我和老校长的合作犹如演出了一场"双簧拉洋片"，配合得格外默契，同学们听得也格外带劲，一堂课很快就结束了。就这样，这几节书法课使学生收益很大，每次课前课后都不断地有学生提出各种各样的问题，有的还详细地与我进一步讨论这些碑帖，说明这些课确实调动了学生的积极性，取得了良好的教学效果。而这一切都是与陈校长的亲自设计与亲自指导分不开的，他非常注重教学的灵活性、生动性，并手把手地把有关方法传授给像我这样的年轻教师，而一旦他们能取得一些成绩，就和他们共同分享这份快乐，陶醉其中。

陈校长非常注重写作训练，对作文课抓得非常严。当时学生的作文都用毛笔写在红格宣纸本上，他要求我们在批改时也要工工整整地用毛笔来写。陈校长还有一个高着儿——定期把学生的作文及老师的批改张贴在橱窗内，供大家参观评论，有时他还把自己的"程文"也张贴到橱窗内，供大家学习。每到展出时，我们都格外用心，因为我们知道，这不但是学生间的一个小型的作文竞赛，而且也是老师间的一次相互观摩，所以我在批改学生作文时，总是提起十二分的警惕，拿出

十二分的用心，不管是天头的顶批，还是最后的总批，每处都兢兢业业地写。每当展出时，看到我的字确实不致落在学生后面时，心里就感到一丝欣慰，这也使我真正懂得了什么叫教学相长。而陈校长的这种做法也大大地促进了我的书艺，特别是小楷，他虽然没有直接教我书法，但他这种办法无疑是对我的极大促进，使我长年坚持练习，一点不敢马虎，而且一定要写得规规矩矩，不敢以求有金石气、有个性，而把字写得歪歪扭扭、怪里怪气，更不敢用这种书法来冒充什么现代派。

说到展出的橱窗，还有一点顺便的补充。这些橱窗平时是为贴告示用的，如哪位老师生病请假，就事先公布在橱窗内。但在那个特殊的年代，如果某一个老师长期"请病假"，大家都心照不宣地明白此人必定出事了，而出事又不能明说，结论只有一个——被日本人抓走了。学校也可以通过这种默契的方式向大家公告不好公告的消息，据说整个沦陷时期，辅仁大约有十来人被捕过。当然，一旦有人被捕，大家都会尽力援救。这里应该提一提曹汝霖。"五四"运动后，他在大家眼中成了汉奸，他自己为了表白自己，坚决杜门不出，既不与人来

往，也不写文章。他老年时生了一个女儿叫曹庆稀，在我教的这个班上念书。当很多辅仁的老师被捕后，有人找到曹汝霖请求他出面保释，这虽与他长期的处世态度不合，但他仍勉为其难，真的找日本人斡旋干预，最终很多人都获救释放了，包括英千里、赵光贤等人。看来对一个人的历史评价是件很麻烦、很复杂的事。

大一国文课各班的课本是统一的，选哪些作品，为什么选它，它的重点是什么，通过对它的讲授要达到什么目的，陈校长在事前都有周密的考虑，并向我们这些年轻的老师讲解清楚。学年末全校的大一国文课要统一"会考"，由陈校长自己出题，统一评定分数，这既考了学生，也考了老师，

很有"竞争"的味道，大大调动了我们的积极性，每到这时，我总是加班加点地为学生辅导，所幸我在历次会考中成绩都不错，没有辜负老师对我的期望。

陈校长不但教我们怎样教书，而且教我们怎样读书做学问。陈校长做学问非常严谨，他强调治史学在史料的搜集和使用时，来不得半点马虎，一定要使用第一手材料，搜集材料时一定要"竭泽而渔"。竭泽而渔并不是指写文章时要把这些材料都用进去，而是要熟悉全部相关的材料，做到心中有数。对老师的这种治学方法我有两次亲身的体会。一是老师家中有三部佛教的《大藏经》和一部道教的《道藏经》，他开玩笑说："唐三藏不稀奇，我有四藏。"但我每到他家，看到这"四藏"，心里总会浮现这样一个问题：这么多的经典老师都翻看过吗？不久得到了回答：一次老师在古物陈列所发现了一部嘉兴地方刻的《大藏经》，立刻告诉我们这里面有哪些种是别处没有的，有什么用处，之后又带着我们去抄出许多本，摘录若干条。怎么能知道哪些种是别处没有的呢？当然熟悉目录是主要的，但仅查目录，怎能知道哪些有什么用处呢？我这才"考证"出老师藏的"四藏"

并不是陈列品，而是曾一一过目，心中了然的。二是为查历史年月，他得知日本御府图书寮编了一种《三正综览》，就花了200银圆托朋友在日本抄出副本，自己又逐

月逐年地编排演算，最后写成《中西回史日历》。编到清朝的历史朔闰，老师就到故宫文献馆中查校保存下来的清朝每年的"皇历"。后来我买了一本印出的《三正综览》，不但发现它的编排远远不如老师所编的醒目，而且清朝部分与老师的多有不同，就拿去请教老师。老师自信地说："清朝部分是我在文献馆中校对了清朝每年的'皇历'，自以我的为确。人不能什么事都自负，但这件事我可以自负，我也有把握自负。"只有亲手占领了第一手资料，才敢有

这样自信的宣言。

老师见了我们这些后学晚辈多数情况下并不急于考问我们读什么书，写什么文章，而总是在闲谈中抓住一两个具体问题进行指点。比如老师的家里总挂些名人字画，案头或沙发前总放着画卷和书册，谈话的内容往往就从这里入手。比如他曾用30元买了一幅章学诚的字，字写得十分拙劣，他只是为聊备一格挂在客厅里，我们这些门生去了，他会指着它问："这个人你知道吗？"如果知道，而且能说出一些相关的问题，他必定大为高兴，连带地给你讲出更多的内容，特别是一些鲜为人知的细节、趣闻，全是即兴讲解，而且十分生动，如果整理出来就是一篇很有意思的学术札记。可惜，我那时手懒，没记下更多的内容。如果你不知道，他就简单地告诉你，"他是一个史学家"，就不再多说了。我们因自愧没趣，或想知道个究竟，只好回来赶紧查阅这个人的有关情况，明白了一些，下次再向老师表现一番，老师又必很高兴。但又常在我们所说的棱缝中再加一点，如果你还知道，他必大笑点头，加以称赞，这时我也像考了满分，感到得意；如果说不上来了，他必再告诉你一点头绪，容你回去

再看。

　　当然，他也会具体过问、指导我们写文章。我最初不知从什么方面、角度入手，他就帮我谋题目。他问我："原来你都读过什么书？其中哪些读得最多、最熟、最有兴趣？这一定要从自己的实际情况出发。"我说："我原来随戴先生读了很多经史一类的书，但我的兴趣还在艺术方面，我也接触、积累了很多这方面的知识。"他说："那很好，艺术方面有很多专门的知识，没有一定实践经验和切实修养，还做不了这方面的研究，你很适合做这些题目。"在他的鼓励下，我写的第一篇论文是有关《急就篇》研究。《急就篇》本是史游编的童蒙识字课本，很多书法家都喜欢书写它，就像后来许多人喜欢书写《千字文》一样，因此流传下大量的法帖。在论文写作的过程中，老师也给了我很多具体意见和知识，再次体现了他的博学多闻。特别是这篇文章的题目究竟怎样命名为好，因为这里面牵扯到一个重要的概念——"章草"究竟指什么，老师早就对这一概念发生过疑问。因为《急就篇》又称《急就章》，又有用章草一体所写，所以后世竟有以"章草"代称"急就章"。这样一来，章草的概念就非常混乱，有人说是汉章帝所写，所以叫章草，这是从篇章的角度出发；有人又说章草应指字体的特点，如故宫所藏影印邓文元写的《急就章》用的字体是章草；而罗复堪给他定的题目又叫"邓文元章草"，此处的章草是指字体名还是指篇章名？如此等等，不一而足。后来我终于想明白，陈校长的老家广东可能有这样的习惯，即把字体名和篇章（急就章）名合在一起都叫章草。不管怎样，老师给我提出了一个很好的思路，即由辨明概念入手，才能把这篇文章写好。经过与老师反复的斟酌、推敲，最后才定下文章的题目：《急就篇传本考》，对以上问题进行了考辨，并对失传及在传的版本进行了详细的整理，完成了我的第一篇论文。后来，我又根据出土的汉朝木简考证了《急就篇》中第一句所说的"急就奇觚与众异"的"奇觚"指的是什么。原来古人有用方木棍做书写载体的方法，如果把方木棍按对角线劈开，使之变成两个三棱形，这样就可以由四面书写，变成六面书写，大大节约了材料。木简在三棱体的斜面上只写"急就"二字，既不称"篇"，又不称"章"，在另外两个直面上写正文，每面三句为一行，这样又把《急就篇》研究深入了一步。说到木简，还应补充一点。现在很多人把出土木简泛称为"流沙坠简"，这是不确切的。《流沙坠简》是罗振玉根据法国人沙宛所藏的敦煌木简出的书翻译的书名，意思是"从沙漠中刨出的遗留的木简"，它是特指，而不是泛指一切木简。

后来，在老师的关怀和指导下，我又写了《董其昌书画代笔人考》一篇论文。如前所述，我早就喜欢董其昌的画，但又发现很多画画得不搭调，一会儿这边水高，一会儿那边水高，当时认为或者是赝品，或者是代笔人水平太差。后来听贾羲民老师说，才知道其中也不排除董其昌本人的"大爷高乐"的作品，很有启发。而且发现给他代笔的松江派画家都是很有功底的，画起来都是有板有眼的，于是就对这些代笔人及其画风发生了兴趣。我把这些想法和陈校长说了，他认为这个题目很有意义，鼓励我把它写出来。在我写作过程中，老师还给我写过一封信，告诉我朱彝尊曾在《论画绝句》中提到赵左和僧珂雪曾替董其昌代笔，并亲笔把这条资料抄录给我。这是一首七言绝句："隐君赵左僧珂雪，每替香光（董其昌）应接忙。泾渭淄渑终有别，漫因题字概收藏。"朱彝尊自注云："董文敏疲于应酬，每倩赵文度及雪公代笔，亲为书款。"陈校长读书有一个几十年如一日的好习惯，即遇到有用的资料就随手抄录在纸条上分类备用，现在看这条资料对我有用，就寄给我。这条资料对我的启发确实很大，说明早在清初就有人注意到这种现象。当我写好文章，呈给老师看时，他十分高兴，夸奖了一番。我也很得意，至今认为它是我论文中的得意之作，而这些成绩的取得都是和老师辛勤指导、具体帮助分不开的。类似的例子还有很多。

不光对我如此，老师对所有的后学都倾注全力地加以培养。如柴德赓先生写过一篇有关"谢三宾"的文章，专论清初那些反复无常、时而降清、时而反清的降臣叛将，内容暂且不说，仅为他文章的题目，陈校长就不知和他商量了多少次，时而改成这样，时而改成那样，也够得上"反复无常"了，真可谓字斟句酌，精益求精，不但体现了老师严谨认真的学风，而且寄托了对后学晚辈的殷切期望。

陈校长不但教我们怎样教书、怎样做学问，更重要的是教我们如何做人。日寇占领北平后，作为一个赤手空拳的老学者，他只能以笔代枪，把他的爱国思想、爱国情绪寄托在他一篇篇史学论文中，他常引用《论语》的话"施于有政，是亦为政"，这就是他写这些文章的苦心孤诣。有时直接给我们讲解其中所蕴含的内容和情感，每到此时，忠愤之气溢于言表，再加上他本来就眉目威严，使我不由想起陆放翁《跋李庄简公家书》所云："每言秦氏，必曰咸阳，愤切慷慨，形于辞色。……方言此时，目如炬，声如钟，其英伟刚毅之气，使人兴起。"他还专对辅仁大学中年青的中国神甫进行历史文化基本知识的教育，这些行动都是对后学之辈很好的爱国教育。

在这方面，陈校长对我更是耳提面命。他有时看我给学生作文的批语或写的诗流露出一些消沉的情绪，就委婉地批评我思想不要太旧，要不断地除旧布新；有时看我有些偷懒，就鼓励我加紧努力。有几件事给我的印象最深，也对我平生影响最深：

光复后，国民党中组部部长陈立夫、参谋总长陈诚曾到北京，在宣武门内路西市党部举办招待会，招待各大学的教授、副教授，意在拉拢知识界对国民党的支持。我那时已是副教授，所以也参加了。会上陈立夫和陈诚不但不关切长期处于沦陷区知识分子的处境，反而责怪我们"消沉"，对他们的到来不够欢迎。陈校长当即反驳道："你们说我们消沉，也不问问我们为什么消沉？不问问我们这些年是怎么熬过来的？是怎样在日本人的压迫下过着非人生活的？"说到气愤时，竟激动地直用招待吃点心的叉子敲盘子。接着燕京大学的校长陆志韦也慷慨激昂地说："不知二位部长听说过这样的民谣没有？"于是一边用叉子敲着盘子一边念道："此处不留爷，自有留爷处。处处不留爷，爷去投八路。"气得陈诚大叫道："那你就投好了！"会场上哄然大乱，可见当时的民心所向。接着一位政法大学的教授又操着浓重的湖南常德土音，继续大骂国民党，可惜我听不懂他的话。据说散会后，此人又到中山公园音乐堂去讲演，国民党特务朝他扔臭鸡蛋，他在左派学生的掩护下才得以离场，听说后来跑到解放区去了。这次会上陈校长的凛然正气给了我很大的震动，常言说"身教胜于言教"，陈校长以身作则，告诉我在复杂的社会中应该怎样堂堂正正地做人。

光复不久，辅仁大学教授英千里出任北平市教育局局长，想从辅仁的教师中找一个"自己人"做帮手，帮他管一个科室，不知怎的，想到了我。如果纯从收入的角度来看，这个位置的薪水比当一般教师要高得多。我当时真有点动心，但又拿不准，和一些人商量，也莫衷一是，便去请教老师。老师先问："你母亲愿意不愿意？"我说："她不太懂得，让我请教老师。"老师又问："你自己觉得怎样？"我说："我少无宦情。"老师捋着胡子哈哈大笑道："既然你并无宦情，我就可以直接告诉你：学校送给你的是聘书，你是教师，是宾客；衙门里发给你的是委任状，你是属员，是官吏。你想想看，你适合干哪个？"我恍然大悟，立刻告辞回来，用花笺纸写了一封信，向那位教授对我的提拔表示感谢，又婉言辞谢了他的委派。写好后，拿过去请老师过目，他看了看，只说了一句话："值三十元。"这话真是大有禅意，怎么理解都可以，但有一点是肯定的：在自己的人生道路上，我作出了一次重要的正确的选择，对我来说，这是无价之宝，而帮我指点迷津的恰是陈老师。他指导我怎样正确衡量自己，认识自己，怎样摆正自己的社会位置，选好自己的人生舞台。现在想起来，如果我当时从了政，即使干得再好，再顺利，至多使社会上多一个可多可少的官员而已，而我的专长和才华（姑且这样说）就不能得以发挥。所以陈校长不但是我的业务导师，更是我的人生导师（图四九、五〇）。

1963年我根据一篇发表过的、读者反映很好的论文，经过多年

四九　启功和恩师陈垣先生

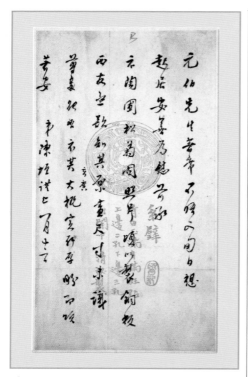

五〇　陈垣先生给启功的信

高兴得好像一个孩子，看到自己浇过水的小草开花结子，便高兴地喊人来看；一方面又以长者的经验告诫我，人生苦短，时不我待，要抓紧大好时光多出书。这时，看着他为我题签的身影，我几乎掉下热泪来。老师的书斋名"励耘"，老师用他全部的身心和热血为我解释了什么叫"励耘"，如何做一个辛勤的耕耘者，如何做一个优秀的园丁，如何做一个提携后进的长者。

过了一两年后，我又起草了一本《诗文声律论稿》，带着它去请老师题签。这时老师已经病了，禁不得劳累，但见我这一叠稿子，非看不可。我只好托词说还须修改，改好后再拿来，先只留下书名。我又想，老师以后恐怕像这样的书签也不易多写了，不如把将来准备出的书也求老师一次写了，但又难于为自己以后的著作预设好题目，于是想起"启功丛稿"这样一个名称（图五一），准备把它作为总称，下面可以放进任何文章著述，于是说还有一本杂文，求老师一并题签。老师这时已不太能多谈话了，但仍毫不犹豫地答应我马上就写，我就退到旁边的屋子坐等。没多久，秘书刘乃和先生举着一叠墨笔的书签来了，每种都写了若干张，任

的修订补充，整理成一本专著《古代字体论稿》，出版前我想请老师题签。老师非常高兴，问我："你出版过专著吗？"我说："这是第一本。"又问了一些有关的情况后，忽然问我："你今年多大岁数了？"我说"五十一岁"。老师又忽然放下我，历数起很多学者的寿命来："全谢山（祖望）只五十岁，戴东原（震）只五十四岁……"正当我摸不着头脑的时候，老师忽然又语重心长地对我说："你要好好努力啊！"说罢欣然命笔。我愣了一刻，终于明白了他的良苦用心：他一方面为我的成长高兴，

我选择，我真是喜出望外。但痛心的是这本《诗文声律论稿》中经"文化大革命"，一直拖到十多年后才得以出版，而他老人家已不及见到了；还有惭愧的是我的《启功丛稿》下面的著述还不够丰富。但每当我看到这些题签时，都不由地想起当时的情景，老校长殷切的话语仍响在耳边，老校长慈祥的面孔仍历历在目……

回想我这一生，解放前有人不屑我这个资历不够的中学生，眼里根本不夹我地把我刷来刷去；解放后又有人鄙视我这个出身不好的封建余孽，舍你其谁地把我批来批去，各路英雄都可以在我面前耀武扬威一番，以示他们强者的伟大与"左派"的先进。但老校长却保护了我，每当我遭受风雨的时候，是他老人家为我撑起一片遮风避雨的伞盖；每当我遭受抛弃时，是他老人家为我张开宽厚的翅膀，让我得到温暖与安顿，而且他好像特别愿意庇护

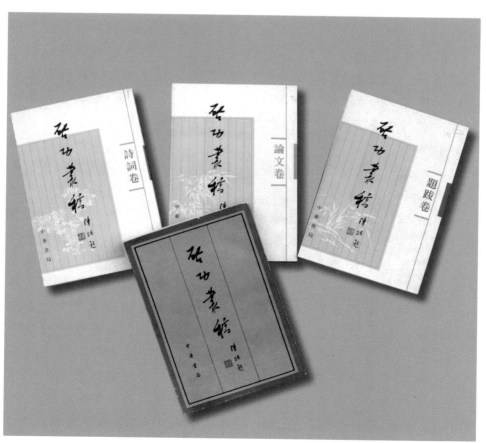

五一　陈垣先生给启功题写的《启功丛稿》书签

我这只弱小的孤燕，倾尽全力地保护我不受外来的欺凌，就像"护犊子"那样护着我。我自幼丧父，我渴望有人能像父亲那样关怀我，我可以从他那里得到不同于母爱的另一种爱，有了它，我就能感到踏实，增强力量，充满信心，明确方向。现在老校长把老师的职责与父亲的关怀都担在了身上，这种恩情是无法回报的。我别说今生今世报答不了他的恩情，就是有来生、有下辈子，我也报答不完他老人家的恩情（图五二～五四）。

在这里我还想为老校长说几句公道话，或曰打抱不平。近现代史学界有"南北二陈"的美誉。对那一位陈老先生我也是非常尊敬和钦佩的。但现在有些人评介他时，故意渲染他怎么坚持不过问政治，不参加政治学习，不介入党派等，好像他的伟大不在他的学问，而在特立独行、超脱政治。而对陈老校长则不同了，因为他解放后参加了共产党。殊不知陈校长加入共产党完全是为了更好地投入到教育事业中，他身为辅仁大学和师范大学合并而成的北京师范大学的校长，只有在党内他才能更直接地贯彻党的教育方针，切实地对北京师范大学负责，这种良苦之心是多么难得啊！

五二　20 世纪 50 年代，陈垣先生和启功研究书法

老校长逝世于 1971 年，当时还是祸害横行的时代，所以他死得很凄凉。他那时住在辅仁大学对面的兴化寺街，主要靠秘书刘乃和先生协助他工作，照顾他的生活。但"文化大革命"时刘乃和先生被扣在学校隔离审查，其实造反派审查刘乃和的目的并不在她本人，而是通过她来挖些整陈校长的"黑材料"。于是那一阵陈校长只能一人在家，我们几个学生也都被扣着，关牛棚的关牛棚，隔离审查的隔离审查，也都无法去照顾他。他子女的情况也都如此，家里只剩下一个管做饭的袁姐。一天，老校长因行动不便倒在地上，两个多小时没人管。后来陈校长的二孙媳（我称她"曾大姐"）急了，冒着危险到中南海

我与辅仁大学

国务院信访处给周总理写信，反映这一情况，要求赶紧把秘书放回来。这封信还真的起了作用，不久就把刘乃和放了出来，好整天看着老校长。记得在"文化大革命"刚开始的时候，陈校长曾为这次史无前例的浩劫忧心忡忡。我想直到他死也始终也没搞清楚到底是怎么回事，不像我们这些劫后余生的人，事后毕竟得到一个说法。一个洞察历史的老人就这样带着遗恨走了。我失去了最崇敬的导师，最可亲的长者，我把千言万语，汇成了一副挽联，想在追悼会上挂出来，但那时我连进到大厅当面鞠躬的条件都没有，只能在院子里默哀，明智的朋友看了我这副挽联又是用真情所写，都劝我不要挂出来。幸好黑暗终于过去了，现在我可以一遍一遍不断地向他老人家的亡灵吟诵了：

　　依函丈卅九年，信有师生同父子；刊习作二三册，痛馀文字答陶甄!

五三　陈垣先生和启功交谈

五四　1947 年 4 月 27 日在故宫
左起：刘乃和、启功、柴德赓、陈垣

三、辅仁逸事

辅仁大学创办于1925年，它的创办与我的满族老前辈英华先生的努力分不开。英华先生姓赫舍里氏，字敛之，号万松野人。是一位虔诚的天主教徒，学识渊博，曾主办《大公报》，又办温泉中学，该校旧址门外南面山上所刻"水流云在"四个大字即是他的手笔。西方学者利玛窦、汤若望、南怀仁曾在明朝、清初先后来到中国传播西方科学文化，但西方传教士对中国的文化教育始终没有广泛的影响。20世纪初，列强开始用庚子赔款在中国兴办教育，西方教会也在中国兴起办学之风。在这种背景下，英老先生写信给罗马教宗，请求派专门人才来中国创办学校。最初由英老先生联合同人办了一个学术团体叫"辅仁社"，后来罗马派来一个天主教的分会办起辅仁大学。陈垣先生家世是基督教信徒（路德派），本人又是历史学家，特别是宗教史专家。他在做国会议员和教育部次长时，曾以自己搜罗的元代"也里可温"（天主教）的历史记载向英老先生求教，英老先生即高兴地把自己收集的材料补充给他，于是二人结下友谊。等辅仁大学建校后，英老先生即延聘陈垣先生任校长。当时很多天主教同道不赞成聘任不同教派的人任校长，但英老先生不是拘泥教派成见的人，他深信陈垣先生的人品学问，力排众议，坚持己见，正式聘请陈垣先生任辅仁大学的校长，从此辅仁大学成了学术的大学，而不是教派的大学。

陈垣先生任辅仁大学校长后，曾延聘多位学者到校任教。他看重的是真本领、真水平，而不拘泥哪个党派属性、哪个大学出身、哪个宗教信仰。物理、化学多请西方专家，文学院请沈兼士任院长，国文系请尹石公先生任主任，接替他的是余嘉锡先生，历史系请张星烺先生任主任，教授有刘复、郭家声、朱师辙、于省吾、唐兰等先生，可谓人材济济，使得后起的辅仁大学顿时与避寇西南的西南联大南北齐名。得益于是教会学校，尤其是董事会的权力实际由德国人把持，所以在沦陷期辅仁大学处于一种极特殊的地位：由于日本与德国是同盟的轴心国，所以日本侵略者不敢接管或干涉辅仁大学的校务，只派一名住校代表细井次郎监察校务，而这位日本代表又很识相，索性不闻不问，听之任之，并没给学校带来什么更多的麻烦。为此日本投降后，陈校长还友好地为他送行，真称得上是礼尚往来，"人不犯我，我不犯人"了。因此，在沦陷期，辅仁大学扮演了一个特殊的角色：那些想留在北京继续工作，又不愿从事伪职的学者，那些在北京继续学习，又不愿当日本的亡国奴的青年，便纷纷投向辅仁大学，使它的力量陡然增加，在社会上的影响也日益扩大。我就是在这种背景下进入辅仁大学的，我有一首《金台》诗就是咏这种情景的：

金台闲客漫扶藜，岁岁樱花费品题。故苑人稀红寂寞，平芜春晚绿凄迷。觚棱委地鸦空噪，华表干云鹤不栖。最爱李公桥畔路，黄尘未到凤城西。

金台即指北京，因北京八景有"金台夕照"一说，"故苑"二句即咏沦陷区景色之凋零，"觚棱"二句是写沦陷区"人气"之衰微。"李公桥"即李广桥，辅仁大学所在地，"黄尘未到"就是指日寇的势力还不能笼罩辅仁大学之上。

我能从黄尘压抑的敌伪机关来到这黄尘未到的清净之地，心里自然有一种解放的、甚至扬眉吐气的感觉，心情特别好。我这个人本来就非常淘气，也时常犯点儿坏，心情一愉快，便时常针对时局和学校的一些事编些顺口溜。如当时在一般情况下两个银圆可以买一袋白面，但和股票似的，时涨时落，学校管财务、收学费的就要算计，到底收银圆好，还是收白面好呢？我就作顺口溜道：

……银圆涨，要银圆，银圆落，要白面。买俩卖俩来回算，算来算去都不赚。算得会计花了眼，算得学生吃不上饭。抛出惟恐赔了钱，砸在手里更难办。

当时的校医由生物系的主任张汉民兼任，他做生物系教授挺高明，但做医生却不太高明，动不动就给人开消治龙（一种消炎药），要不就是打防疫针，总是这两样，好像《好兵帅克》里的那位军医，动不动就知道给人灌肠一样。（现在想起来也不能怨他，那时学校肯定也没有别的药，再说日本人对得疫病的真活埋呀）而且，他忙于工作和实验，到校医院找他经常扑空，于是我就给他也编了一个顺口溜：

校医张汉民，医术真通神。消治龙，防疫针，有病来诊找不着门。

当时美术系办得很萧条，特别是西洋画，只学一点低劣的石膏素描和模特写生，而那些模特的水平也很差，都是花俩儿钱从街上临时雇来的，于是我编道：

美术系，别生气。泥捏象牙塔，艺术小坟地。一个石膏像，挡住生殖器。两个老模特，似有夫妻意。衣冠齐楚不斜视，坐在一旁等上祭。画成模像展览会上选，挂在他家影堂去。

我还给连续刷我的那位院长写过顺口溜，他当过市参议员和"国

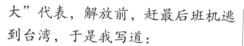

大"代表，解放前，赶最后班机逃到台湾，于是我写道：

院长××真不赖，市参议员国大代。……事不祥，腿要快，飞机不来坐以待。

解放后革命老人徐特立先生写信邀请他回来，保证他不会出任何问题，他真的回来了，入华北大学等革命大学学习培训后，安排到北京市文史馆工作。他还特意让他的后太太，也是我认识的辅仁美术系的学生，请我到他家去叙叙。我觉得去见他难免两人都尴尬，特别是他要知道我给他写的顺口溜，里面还有大不敬的话，非得气坏了不可，便借故推辞了。

编顺口溜是我的特长，其实我小的时候跟祖父学的那些东坡诗，如《游金山寺》等，就是那时的顺口溜，我早就训练有素，所以驾轻就熟，张口即来。编完后还要在相好的同人间传播一下，博得大家开怀一笑。这时，乖巧的柴德赓学兄就郑重其事地告诫我："千万别让老师知道！"是啊，我当然明白，他好不容易把我招进辅仁，我尽干淘气的事，他知道了，还不得狠狠剋我。

淘气的还不止我一个，余嘉锡之子余逊也算一个。当时辅仁大学有一位储皖峰先生，曾做过国文系主任。他喜欢吸烟，又不敢吸得太重，刚一嘬，就赶紧把手甩出去，一边抽，一边发表议论。他有些口头语，和他接触多了常能听到。比如提到他不喜欢的人，他必说："这是一个混账王八蛋。"不知是不是受他的影响，我现在评价我看不上的人时，也常称他为"混账"。又比如他喜欢卖弄自己经常学习，知识面广，就常跟别人说："我昨天又得到了一些新材料。"当别人发表了什么见解，提出意见时，他又常不屑一顾，总是反复说："也不怎么高明"，"也没什么必要"。于是我们这位余逊学兄把这几句话串起来，编成这样一个顺口溜：

有一个混账王八蛋，偶尔得了些新材料，也不怎么高明，也没什么必要。

试想，不淘到一定的水平，能编出这样精彩的段子吗？所以这则顺口溜很快就流传开了，闻者无不大笑。当然那位柴德赓学兄又要提醒道："千万别让老师知道。"我至今也不知道，老师和储先生知道不知道这段公案，可惜已无法查对了。

淘气的不光是我们这些年轻老师，有些老教师有时也管不住自己，其实，淘点气，犯点坏也是人之常情，只要适可而止，哪儿说哪儿了，别让上司知道；也要看场合和对象，别让人当面下不来台，闹得无法收拾，就算不了什么大事。就怕戳到人家最忌讳的地方，正像民谚所说："打人别打脸，揭人别揭短。"国文系的尹石公（炎武）先生就赶上这么一档子事，他当时已经做到国文系主任了，他平常爱当面挖苦学生，言多有失，有时难免出格。他有两位学生，一位叫张学贤，一位叫杨万章，一次，他们俩作文没做好，于是尹石公当面讥讽他们道："你居然叫张学贤，依我看你是'学而不贤'者也；你还叫杨万章，我看纯粹是'章而不万'也。"按，"学而"是《论语》中的一章，"万章"是《孟子》中的一章，他的讽刺确实很高雅，很巧妙，他大概也为自己的即兴发挥很得意。不料第二天他再去上课，这二位给他跪下了，说："我们的名字是父母所起，如果您觉得哪个字不好，可以给我们改，我们学业有什么问题，您可以批评，但您不能拿我们的名字来挖苦我们，这也有辱我们的父母。"尹先生一看二位较上真儿了，也觉得大事不好，连忙道歉，问有什么要求没有。这二位也真执着，说："我们也没什么要求，只请求您以后别来上课了。"尹先生一看玩笑开得太大，没法收拾了，便很识趣地写了辞职报告，打点行装，到上海文物管理委员会另谋职业去了，我1957年到上海还见到他。现在想起来，这

虽是一时的笑谈，但陈校长的教导"对学生要多夸奖，多鼓励，切勿讽刺挖苦他们"是多么的重要。

关于学生编排老师，还有这样一段传闻，很有意思：有一位老师平时对学生很严厉，上课拿着点名册，对学生说，你们要是不好好上课，到期末，我叫你们全不及格。但到期末却很仁慈，让学生都及格了。学生管他叫"兽面人心"。还有一位老师，平时很和气，课堂上总笑嘻嘻的，但到期末给很多学生不及格，学生管他叫"人面兽心"。还有一位老师，平时既很凶，考试时又很狠，大量地不及格，学生管他叫"兽面兽心"。按道理说，还应该有一种"人面人心"的老师，问学生是否有，学生回答："尚未发现，顶好的也就是'兽面人心'了。"学生的评价当然有偏颇的一面，但这也充分说明，老师要时时刻刻在学生面前注意自己的形象。

当时文学院的年轻教师有牟润孙、台静农、余逊、柴德赓、许诗英、张鸿翔、刘厚滋、吴丰培、周祖谟等。这些人年龄差不多，至多差十岁，之间可谓"谊兼师友"，经常在一起高谈阔论，切磋学业。抗日战争爆发后，好多位相继离开了辅仁，剩下关系比较密切的只有余逊、柴德赓、周祖谟和我四个人还留在陈校长身边，也常到兴化寺

街陈校长的书房中去请教问题，聆听教诲。说来也巧，不知是谁，偶尔在陈校长的书里发现一张夹着的纸条，上面写着我们四个人的名字，于是就出现了校长身边有"四翰林"的说法，又戏称我们为"南书房四行走"（图五五～六〇）。这说明我们四个人名声还不坏，才给予这样的美称，要不然为什么不叫我们"四人帮"呢？周祖谟先生的公子在提到"四翰林"时，总把周祖谟放在第一位，其实，按年龄"序齿"，应该是余逊、柴德赓、启功、周祖谟。余逊比我大七岁、柴德赓比我大四岁，周祖谟比我小两岁。

余逊是余嘉锡先生的公子，对余老先生非常孝敬，算得上是孝子。余老先生在清朝末年做过七品小京官，清朝灭亡后，曾到赵尔巽家教他的儿子赵天赐读书。尹石公

辞职后，经杨树达先生推荐到辅仁大学做国文系主任，所以他对杨先生非常尊敬和感谢。余逊曾在一篇文章中批评杨先生某处考证有误，余老先生竟带着他到杨府，令他跪在杨先生座前当面赔礼。杨先生很大度，连说"用不着，用不着"。余老先生学问优异，博闻强记。国民党统治时，设中央研究院，聘选院士，陈校长是评委，当第二天就要坐飞机到南京参加评选时，晚上余逊到陈校长那儿去，几乎和陈校长长谈彻夜，谈的都是他父亲如何用功，看过哪些书，做过哪些研究，写过哪些文章和著作，取得什么成就和影响等等，确实了不得。他也不明说请陈校长如何如何，但用意是非常明显的；陈校长也不说我会如何如何，但心里已是有数的，彼此可谓心照不宣，后来果然

五五　1934 年 1 月，陈垣先生与部分教师在北京图书馆前。
左起：牟润孙、张鸿翔、陈垣、台静农、柴德赓、储皖峰

评上了（图六一、六二）。还让曹家麒为他刻了一枚"院士之章"的大印。当然这都是余老先生的实力所致，大家都心服口服。他的二十四卷本、八十万字的巨著《四库提要辨证》对《四库全书总目提

五六　1947 年 5 月，胡适到辅仁大学讲演后与教师合影
前排左起：周祖谟、柴德赓、陈垣、胡适　第二排左起：启功、余逊、张鸿翔、刘乃和

五七　1947 年 12 月，在陈垣先生旧居合影
前排左起：余逊、启功、余嘉锡、陈垣、刘乃和、周祖谟

要》的乖错违失做了系统的考辨，并对所论述的许多古籍，从内容、版本到作家生平都做了翔实的考证，对研究我国古代历史、文学、哲学及版本目录学，都具有重要的价值。他为此书的写作前后共耗费

五八　1947年4月，余逊、启功、柴德赓、周祖谟

五九　1947年12月5日与陈垣先生游北海，在冰上合影
左起：启功、陈垣、刘乃和、柴德赓

六〇 1947年12月，在"烤肉季"用餐
左起：柴德赓、刘乃崇、启功、陈垣

陈校长这个人有这样一个特点，特别是到晚年，谁能讨他喜欢，他就喜欢谁，认准谁，也就重用谁，即使这个人工于心计（这里的这个词不带任何贬义），或别人再说什么，他也很难听进去了。由于他能得到陈校长的信任，所以陈校长经常把自己研究的最新情况和最新心得告诉他，他也常在课堂上向学生宣传、介绍陈校长的研究成果，在这方面他是校长的功臣。历史系主任一直由张星烺担任，后因身体不好而辞职，陈校长便让柴德赓接任。后来据历史系人讲，有些人发起会议，当面指责他，把他说的一无是处，气得他面红耳赤，最后还是斗不过那些人，被排挤出辅仁，到吴江大学（后改为苏州师范学院）

了约五十年的心血，确实是一部不朽的著作。其他如《目录学发微》更被别人"屡抄不一抄"（这是他自己的话，意思是抄来抄去），《古籍校读法》、《世说新语笺疏》等也都是力作。余老先生的治学非常严谨，他临终前，我到北京大学去探视，他还从抽屉里取出续作的《辨证》的底稿，字迹虽然不像以前那样端正工整了，但依然很少涂改，行款甚直。余老先生在辅仁还教过"秦汉史"，这部讲稿是余逊所作，他也毫不避讳，在堂上公开说："讲稿是小儿余逊所作。"父亲讲儿子的讲稿，儿子为父亲写讲稿，二人都很自豪，这在当时也传为美谈。可惜余逊去世较早，否则成就会更大。

柴德赓为人很乖巧，所以当我们淘气时，他总提醒我们千万别让老师知道。他对陈校长很尊重、很崇拜，也很能博得陈校长的喜欢。

六一 余嘉锡先生

我与辅仁大学

六二　1948年4月25日，启功等人祝贺陈垣、余嘉锡先生当选中央研究院院士

去任历史系主任。"文化大革命"中因得到平反而过于激动，不幸死亡。他在调任苏州后，曾写诗相寄，我读后不禁感慨万千，追忆当年友情，写下一首《次韵清峰吴门见怀之作》：

回环锦札夜三更，元白交情孰与京。觉后今吾真大涤，抛残结习尚多情。编叨选政文无害，业羡名山老更成。何日灵岩陪蜡屐，枫江春水鉴鸥盟。

"编选"一句是说自己现在只能参加一些编写文选的工作，可以选一些虽非有益，但亦无害的作品，因此特别美慕柴德赓那些可以藏之名山的著作。确实，柴德赓在历史学研究上卓有建树，令人钦佩。这里存在一个小小争议：陈校长曾有一部历史讲稿，用油印出过一份，柴德赓就根据这份材料加工成自己的《史籍举要》，这里面当然有很多与陈校长内容相同的部分，但这也不好过于追究责备，如古代的《大戴礼记》和贾谊的《新书》，有很多重的地方，也很难说

谁抄谁的，可能都是把老师的讲稿放进去造成的。

我们这些学生都怕陈校长的"一指禅"。原来陈校长想批评我们时，常常不用过多激烈的言辞，而是伸出右手食指冲你一指。一看到这个手势，我们就知道自己必定是哪儿出错了。记得柴德赓在谈到清朝爵位时就遭到这样的尴尬。原来清朝为同于古代公、侯、伯、子、男的五等爵位制，也把爵位分为五等，即亲王、郡王、贝勒、贝子、公。"亲王"又称"和硕亲王"，后面是汉语，前面是满语音译，意为四分之一，即他可以拥有皇帝四分之一的权力；"郡王"又称"多罗郡王"，"多罗"是满语降一等的意思，郡王即地方王，清朝已取消郡一级的设置，但仍称郡王，有点不伦不类，滑稽可笑；"贝勒"纯属满语，金朝时称"勃极烈"，汉意为大官、高官，最初女真部落的酋长一般都称"贝勒"；"贝子"比"贝勒"又降一等，金朝时称"勃堇"；"公"又是汉族传统，是民爵中最高的一等。比如溥雪斋的爵位是贝子，他的父亲是贝勒。有一回老师与柴德赓和我等一起聊天，说起溥雪斋父子，我说他们是"勃极烈和勃堇"，陈校长一听就明白了，但柴德赓却一时失检，问道："什么勃极烈、勃堇？"老师于是朝他

用右手食指一指，言下之意是你研究历史，怎么连金史也没读过，弄得柴德赓非常狼狈。我想他那天回去一定会连夜翻看金史的。又有一回，我作了一首有关溥心畬的诗，写的是他故宅恭王府的海棠，海棠常称"西府海棠"，"西府"是海棠的品种之一，以西府所产最出名，所以我的诗中有"胜游西府冠郊坰"之句，这里的"西府"既指恭王府的故址，更指海棠花。我拿给陈校长看时，柴德赓也正在旁边，突然冒出一句："恭王府又叫西府吗？"显然他又误会了。陈校长仍不说话，又用手朝他一指，柴德赓马上意识到又出错了，脸都红了。牟润孙兄有名士风度和侠义风度，台静农先生被宪兵队关押时，他曾不顾危险地去看望，并一大早跑到我这儿特意关照，不要再去台家。他平常不太注意修边幅，经常忘刮胡子，每逢这时去见陈校长，陈校长就用手朝他的下巴一指，他就知道又忘了刮胡子，惶恐不已。后来就养成每见陈校长必先摸下巴的习惯，但百密仍有一疏，有一回临见校长之前，忽然发现又没刮胡子，回去已来不及了，赶紧跑到陈校长隔壁不远的余嘉锡先生家，找余逊借刀子现刮，那时他们都住在兴化寺街，陈校长住东院，余先生住西院。余嘉锡先生也很风趣，和他开玩笑说："你这是'入马厩而修容'。"原来当年有"曾子与子贡入于其厩而修容焉"（见《礼记·檀弓》）的记载，不想这次让牟润孙赶上了，说罢，大家不由开怀大笑。文人很有意思，有时开个玩笑都显得那么高雅、有品位。

辅仁大学内给我印象最深的地方之一是教员休息室，那里可以称得上是真正的"学术沙龙"，大家自发地在那里组织各种轻松自由的读书会。大家都愿意早来会儿，晚走会儿，或者干脆特意到这里坐一坐，海阔天空地聊一聊，来的又都是各专业的专家，无拘无束，没有一定的话题，没有固定的程序，大家就最近所看的书，所发现的问题，随便借一个话茬就发表一些见解，各说各的，用不着长篇大论，三言两语，点到为止，反而更显真知灼见。即使有时有不同意见，谁也不用服从谁，平等交谈，说完即止。有的话题大家都感兴趣，也许会持续说好几天，有的人会回家查查资料，第二天继续说。有的话题是本专业的，发表意见的机会可能更多；有的是非本专业的，听起来更觉新鲜，也会有很多收获。比如当时李石曾之子李宗侗翻译了一部摩尔根的《世界古代史》，在学术界影响很大，成了大家一时的话题，大家都纷纷发表意见，我也从中了解了西方史学家的史论，确实人家有人家的一套，值得借鉴，就连陈校长也受到影响，赶紧找来看。这也再次证明陈校长思想一贯开明开放，虽然他是搞中国古代史的，但他绝不死守一面、故步自封，还时刻关切学术界的最新动态。

有时教员休息室又会变成书画展览室，老师们会把自己的书画作品陈列在这里供大家观摩。余嘉锡老先生爱写隶书，有时将自己的作品拿到休息室，用图钉钉在墙上展示一番。一次我花了十二元，买了一张破山和尚的条幅"雪晴斜月侵檐冷，梅影一枝窗上来"，也挂到休息室供大家欣赏。正巧，陈校长推门进来，看了十分喜欢，便开玩笑地对我说："你这是给我买的吧？"我当然连声说"是"，他便高兴地"笑纳"了，我开始还有点舍不得，后来一想这也叫物归其主，因为陈校长历来喜欢收集和尚的书法作品，并且深有研究。原来我对和尚禅僧的书法风格有一点总想不明白：为什么他们的字无论大小，都有一种洒脱疏朗的共同风格？后来和陈校长谈起这个问题，他说，和尚衣服的袖子比一般人都宽大得多，他们写字时一定要用另一只手把袖子拢起，因此必定都是大悬腕，所以写起来，也就格外不拘谨。我听了大受启发，后来格外注意观察和尚写字时的情景，果如陈校长所言。后来我住黑芝麻胡同时，花四元钱买了一副陈兰甫（陈澧）的对联，写得非常好，陈校长听说后特意坐他的专车到我这儿来，进门一看，又说："你这是给我买的吧？"我又连忙坚定地说"是"，心里真佩服陈校长的手段。他知道如果给我们钱，我们也是不会收的，心里反而不踏实，不如用这样开玩笑的方法，彼此更融洽。现在想起这些趣事，他老人家幽默风趣的音容笑貌仿佛就在眼前。但陈校长开这种玩笑是心里有谱的。后来我被划为右派，工资也降了，陈校长知道我生活困难，如果再想要什么字画，就不再这样开玩笑了，而是主动给我钱，让我去代买，我能感受到他打心眼儿里是非常体贴我的。你看，说来说去又回到了老校长身上，他对我的影响真是无时不在、无处不在。

唉，我永远难忘陈老校长对我的似海恩情，永远难忘在辅仁大学度过的美好年华，那古色古香的主楼建筑，那典雅幽静的后花园，（图六三、六四）那装饰简朴的教员休息室，还有陈老校长"一指禅"的音容和"教师"、"官吏"、"三十元"、"五十岁"的话语，直至今日还常在我的眼前和耳畔浮现缭绕。我珍惜这段美好的时光！

六三　原辅仁大学主楼

六四　辅仁大学后花园

我与辅仁大学

第四章　我与师大

一、院系调整

1949 年年初，北京迎来和平解放，10 月 1 日中华人民共和国宣告成立，中国进入了一个翻天覆地的时代。在陈校长的带领下，辅仁同人积极投入到新生活中。陈校长不顾七十高龄，带领大家亲自到西直门迎接解放军入城，亲自组团到西南地区参加土改斗争，坚决和罗马教会单方面断绝资金进行了针锋相对的斗争。在这种形势的鼓舞下，我也响应号召，积极报名参加湖南澧县的土改运动。我们一行人是由统战部组织的，因此不算正式的工作队成员，只是以参与者的身份出现。所以这一行人的成分十分复杂，可谓五花八门。我记得有一位和尚叫赵宣，他为人很善良，到老乡家最喜欢抱孩子，而且抱得很专业、很熟练，令人匪夷所思。还有一位蔡牧师，当地人念不准"蔡牧师"的音，把他的名字写成"才木四"。还有一位江专员，是土改团的领导之一，他原来是土匪头子，后来参加了起义，算起义有功人员，进入领导班子。那时制度还不健全，随意性比较大，江专员的政策水平也跟不上，经常出现被动局面。如最初抄了地主家，就把东西随便分给农民，

后来新政策下来，规定先要编号，再有计划地分配。那位江专员性格很豪爽，每遇到棘手的事就连骂几声"扯蛋"完事，大家都知道他这个口头禅。有这么多形形色色的人参加土改，也可见当时运动规模之大、之盛。这恰是新中国成立初的特点，什么都搞得轰轰烈烈的。

1952 年前后在教育战线上搞得轰轰烈烈的运动是院系调整和向苏联学习。解放后辅仁大学中文系也作了调整，余嘉锡主任退任，由萧璋先生接任，其他教师照旧。1952 年实行院系调整，辅仁大学与师范大学合并，成立新的北京师范大学，陈垣先生以其不可代替的威望任新校长，中文系由黄药眠先生、萧璋先生任正副主任。这时建国大略是向苏联学习，各行各业都要学，唯苏联马首是瞻，苏联怎么走，我们也怎么走；苏联有什么，我们也要有什么；苏联有谁，我们也要有谁，而且要叫"中国的"谁谁谁，如吴运铎就叫中国的"保尔·柯察金"，黄继光就叫中国的"马特洛索夫"，王崇伦就叫中国的"斯达汉诺夫"。教育战线当然也不例外，苏联按教研室构制，中国也要按教研室构制；苏联有教学大纲，中国也要有教学大纲。当时

中文系设有文艺理论、古典文学、民间文学、古代汉语、现代文学、儿童文学等专业，不佞有如我这样的杂家，只好归入古典文学教研室。至于我的书画创作只能停止，因为它们不属于本教研室的范围，继续从事，就是不务正业。当时的主任是谭丕模先生，教师有刘盼遂、李长之、王汝弼、郭预衡等先生。说起教学大纲，这里面的曲折更多。当时由教育部副部长柳湜在王大人胡同的一个招待所里召集全国高等师范院校的教授、副教授开会讨论古典文

谁可以和他相比呢？杜甫太封建正统，李白太另类不正统，都不合适，于是找来找去找到一个屈原，屈原就成了"中国的普希金"，虽然没这样明说，但思路毫无疑问是这样的。这还罢了，其实屈原有很多好东西，有那么多的作品，但是为了突出所谓的革命性、人民性、进步性，又必须浓缩出屈原在这方面的代表作，于是屈原的伟大又被简单化地归结为"长太息以掩涕兮，哀民生之多艰"。且不管这"民生"怎么讲，反正屈原的伟大就在于这"哀民生之

学的教学大纲，其思想方法仍脱离不开上述模式。比如说苏联（其实那时还没有苏联呢）有一个最伟大的诗人，被加上诸如人民诗人、爱国诗人头衔的普希金，那中国

多艰"，因为它有人民性。同样的道理，要想使杜甫能立得住，那杜甫的伟大就要归于"朱门酒肉臭，路有冻死骨"这一句上。试想，这样的教学大纲会多难产，即使

产出来，也只能把一部活生生的中国文学史简单化为僵死的教条。

在这种背景下，有些"左派"应运而生，他们赶紧学些马列理论来武装自己，拉大旗作虎皮，专整别人，在他们眼里，别人皆错，唯我独尊。这种人到处都有。任教育部教学大纲编写组主任的是一位东北的教授，他曾去过延安，入过党，自然知道一些马列主义的理论词汇，也自然当仁不让地摆出老革命的架势，他重点的批判对象是逯钦立先生，不管逯钦立先生怎么说，他都能找出批判的理由。他在主持编写教学大纲时，还提出要批判绝对主义的观点，因为苏联批判了绝对主义，中国当然也要批，这就需要找一个相应的靶子，于是厄运就降临到"律诗"身上，因为律诗最讲究形式美，在那重内容、轻形式的时代，它是最方便的替罪羊，形式主义、唯美主义，都可以扣到它头上，绝对主义当然也不例外。这就像一旦谁成了重点的批判对象后，什么脏水都可以泼到他头上一样。许多人对这种机械学苏联的极"左"学风都很反感，但又不敢直接提出反对意见，我也如此，但又不甘，总想找个机会刺一刺。当听到律诗是绝对主义，应该批判的"高论"后，我

和施蛰存先生交换了一下眼色后，向他发难道："如果律诗算绝对主义的话，那么绝句和词算什么呢？绝句在形式上可以看成律诗的一半，词在形式上可以看成长短句的诗，那绝句是不是可以称为'半绝对主义'呢？词是不是可以称为'自由绝对主义'呢？"气得他够呛。以后他就称病不出了。

上有所好，下必效之。教育部有这样的主任，师大也有这样的教授。有一位教授，虽不是党员，但比党员还党员，成了当时的"理论大师"。他现淘换一些马列主义的词汇标签到处唬人，也想找只老虎来打。他的学问是很有功底的，也深通义理之学，把中国的传统义理偷换成马列主义概念，对他来说并不费事。他专剋李长之先生。李长之先生曾留学德国，学习现代哲学，这便于给他扣上资产阶级的帽子；李先生文笔又特别快，可以一夜写出近万字的论文，而且笔带感情，这更容易让人挑毛病。所以这位教授就死剋（平声）上李长之先生了。更不幸的是，那时学苏联，还特别盛行互相听课，教研组要定期组织观摩课，听完以后要讲评，所谓讲评，那时更多是批判。在这位教授看来，李长之先生怎么讲怎么错，李长之从这方面讲，他就从那方面上

纲；下次李长之吸取教训从那方面讲，他又从这方面上纲。比如这次从总体上提出一些观点，他批判你不懂得马列主义具体问题要具体分析的原则；下次你具体分析了某些现象，他又批判你不讲马列主义的普遍原理。总是反着给你挑出一大堆毛病，还都冠冕堂皇的，弄得李长之无所适从，开口就错，再有才华，也只好甘拜下风。有时我们觉得李长之讲得并不错，但在马列主义的阵势下，也不敢为他分辩。更高明的是，在一般人看来根本与政治、马列毫不相干的东西，比如词义、典故，他也能别出心裁地附会一番，显出他的卓尔不群。如讲陶渊明《归园田居》的"鸡鸣桑树颠"一句，这本很清楚，并没有什么特殊的地方，他却说这句是由乐府民歌"种桑长江边，三年望当采"化出的，因为乐府民歌是带有"人民性"的，只有这样讲，才能说陶渊明也有人民性，才有进步意义，才值得一讲。这种考据兼义理的方法，真不愧新时代乾嘉和桐城的"后学"。

　　按教研室建构必然带来一个相应的特点，即把某一课程切割成若干段。就拿我所在的古代文学教研室来说，就要把一部中国文学史分成先秦段、两汉段，魏晋南北朝段，隋唐段、两宋段、金元段、明清段，等等。各段相对独立讲，讲唐诗的不能讲宋诗，讲宋词的不能讲清词，如果讲了，必定有人会说你超出了范围。更不用说讲古代的讲到了现代，讲现代的追溯古代了。于是你要想从与宋诗的对比中讲唐诗，那只能等到讲宋代时才行；你如果要讲宋词对清代常州词派与浙西词派的不同影响，那只能等到讲清代时才行。如果要是一个人一直讲下去，还好说，但这种体制下，往往是一人只专攻一段，甚至出现讲《左传》的不会讲《史记》，讲"杂剧"的不会讲"传奇"。讲宋词的哪里会知道讲清代的如何去讲常州派、浙西派？但教学大纲规定了那部分属于清代，讲宋代的就不能讲，否则就是违背了大纲的完整性、科学性、系统性。于是大家都在被烦琐切割的部分中，不敢越过雷池一步地按大纲规定的内容去讲，即使对某些部分有很好的研究和理解也不敢多发挥。人的主观能动性被他自己制定的条条框框局限住了。大纲成了一架按图纸组装成的机器，而每个人只能是它上面的一个孤立零件，各自只管拧紧自己的螺丝就行了。我曾打过这样的比喻，分段教学，好比吃鱼，吃鱼才讲究分段，但一条鱼从第几片鳞起算中段，又从第几片鳞起算后段呢？这显然只能是大致的分，没有绝对的标准。鱼可以硬切割成段，裹上面一炸，也谈不上合理不合理了，但文学是有血有肉的有机整体，现在却要把这完整的体系硬生生地肢解成几段。不错，中国的古代文学确实经历了漫长的发展阶段，各时期有各时期的特点，一代有一代之文学，适当地分期是应该的，也是必须的；但阶段再不同，文学的本质是相通的，前后的传承是有机的，死板的分段是不可取、不科学的。这正像中国古代笑话所说，一个人中了箭，去看外科医生，外科医生只给他把身外的箭杆剪断，就算完事，中箭人问他身内的箭头怎么办，外科医生说："去找内科医生去，那是他的事。"这样简单地分科行吗？

在这种体制下我是有力使不出来。严格地说，我哪个学科都不属，更不用说属于哪个学科的哪段了。当时的文学史课属于理论性很强的课，因为它牵扯到唯物史观和唯心史观的大是大非的问题，一定要由马列主义理论水平高的人来主讲，像我这样被"公认"为不懂马列的人是不配讲这门课的，只能当配角。出于这样的原则，当时由谭丕模先生担任文学史的主讲，因为他是老党员、老革命，也正因为此，才特意把他调来担任教研室主任的。我只能配合他讲点作品选。所以他上课我都要去听，并且详细地作笔记，他在课上强调谁的哪句是符合马列革命性、人民性的，不管我心里怎么想，我在讲相关作品

时，也照这方面去发挥，这样保险啊。谭丕模先生知道后，还夸奖我配合得好。后来我成了右派，连听课和上作品选的资格也没有了。谭丕模先生的人很好，虽然我和李长之成右派后，他也批我们，但那是既定方针，不能怪他，不像上面所说的某些人，把批判别人当作一种涂炭异类的乐趣，把践踏别人当作表现自己一贯正确、唯我独"左"的手段。

这种体制不但要控制你讲授的内容、范围，而且要规定你的讲授方法、形式。记得有一阵特别兴盛提问式教学法，目的是活跃学生的思维，提高学习积极性，出发点是好的，但一有意识地提倡、推行就会出偏差，正所谓过犹不及。记得有一年我带几个学生到中学进行教学实习，实习点是北京三中，这是一所不错的学校，正好中学派给我们的指导教师是我辅仁的学生，他在三中也算是资深教师了。实习的学生先要听他的示范课，以便自己上课时在教法上有所依据。他选的课文是管桦的《小英雄雨来》，内容大致是说日本鬼子抓住雨来后，强迫他带路抓八路军，雨来半路勇敢地跳到河里，于是鬼子向河里密集开枪。文章巧妙之处在于到此而止，不再具体交代雨来的生死。于是这位老师便设计了这样一个问题进行课堂讨论："雨来死没死？"如果说他没死那"为什么没死"？他希望有一部分学生说他死了，一部分学生说他没死，然后各自提出理由，进行辩论。但没想到从第一个学生开始，结论就很明确："雨来死没死？""没有。""为什么没死？""因为他的精神不死。"这答案和教学参考上的完全一样。但这一教学环节在教学计划上起码要进行多半堂课，这样结束了岂不违背了教学计划和大纲？于是他又叫第二个："雨来死没死？""为什么没死？"第二个仍然答道："没死。""因为他精神不死。"这位老师一看没人说雨来死了，好引起争论，只好硬着头皮接着往下叫，说来也怪了，所有的学生都是同样答案，于是这位老师只能把多半班的同学都叫起来去问同一个问题："雨来死没死？""为什么没死？"而多半班的同学都不断重复着同一答案："雨来没有死。""因为他精神不死。"课后大家评议，照例还要说一番课堂教学生动活泼，课堂气氛热烈等套话。我也不便当着学生面说什么，但当他底下找到我再征求意见时，我却不客气地和他开玩笑说："雨来倒是没死，我可死了——让你给磨烦死了。"我

我与师大

举这样一例，意在说明什么方法都是因人而立，因时而立的，个人应该根据不同的对象、不同的环境灵活运用，一到了必须按一定模式去进行时，必然成为僵死的教条，不会取得好效果。孔子早就说过要"因材施教"嘛。

也是在这股风气下，为了更好地面向中学，北师大从中学调来好几位资深的中学语文教员，来充实"教学法"教学。我在中学待过，知道那里藏龙卧虎，有的是人才；我也深知教学方法的重要，我在纪念老校长的文章《夫子循循然善诱人》中曾把老校长总结并传授我们的经验总结成九条"上课须知"，文章发表后，很多人把这九条抄录下来当作教学指南，足见它的重要性。这些方法经验的条文谁都一看便懂，并不深奥，但关键是如何结合实际情况落实到教学实践中，并不是说学了这些纸面上的经验，实际水平和能力就提高了，一门心思地专抠教学法并不能当一个好教师，它只是一种辅助的方法，并不是教师水平的全部，而那时对教法看得太重了，甚至把它看成提高教师水平的灵丹妙药和捷径。好像学生掌握了几套好教案，也能把中学课文教得像他们一样生动热闹，就像他们在示范课上讲的《鸿门宴》和《武松打虎》那样又画图，又表演一样，将来就能当个好老师。事实证明，几位老中学教师的调入并没有给师大带来明显的效果，他们自己的地位也很尴尬，没有相应的职称给他们定级，他们的作用也难以得到真正的发挥。

而这种认识偏差，更加重了轻科研、重教学的倾向。有的人认为师范大学就是为培养合格的中学教师服务的，因此师范大学的老师只有把学生的基础知识打牢，再学些教学法才是正业，其他都不是正业，搞科研没必要，再搞书画诗词创作更是不务正业。就以师大初建时任副系主任，后来又担任过主任的那位教授来说，直到晚年还坚持这种观点，开会时还总说当年苏联专家如何如何。据说他带研究生最后不许他们做论文，学生没办法，只好到处找别的老师指导。我举这个例子，并不是对他个人有什么意见，各人有各人的观点；我只想说明，在很长时间内师范院校片面重教学、轻科研的倾向多么根深蒂固。现在北师大已提出建设综合性、研究型的大学，我觉得是非常对的，是办学思想上的一大进步。

二、反右风波

1957年北师大由陈校长亲自主持评议新增教授人选。我在辅仁和师大干了这么多年，又是陈校长亲自提拔上来的，现在又由陈校长亲自主持会议，大家看着陈校长的面子也会投我一票。那天散会后我在路上遇到了音乐系的钢琴教授老志诚先生，他主动和我打招呼："祝贺你，百分之百地通过，赞成你任教授。"我当然很高兴，但好景不长，教授的位置还没坐热，就赶上反右斗争，我被划为右派，教授也被黜免，落一个降级使用，继续当我的副教授，工资也降了级。说起我这个右派，还有些特殊之处。我是1958年被补划为右派的，而且划定单位也不是我关系所在的北京师范大学，而是中国画院。而且别的右派大都有"言论"现行，即响应党"大鸣大放"的号召，给党提意见，说了些什么。我是全没有。事情的经历和其中的原委是这样的：

我对绘画的爱好始终痴心不改，在解放前后，我的绘画达到了有生以来的最高水平，在国画界已经产生了相当的影响（图六五～六八）。解放后的前几年文化艺术还有一些发展的空间，我的绘画事业也在不断前进。比如在1951—1952年，文化部还在北海公园的

六五　启功绘画《白石词意图》（1947）

漪澜堂举办过中国画画展，我拿出了四幅我最得意的作品参展。展览后，这些画也没再发还作者，等于由文化部"收购"，据说后来"文化大革命"时，不知被什么人抄走都卖给了日本人。"文化大革命"后，又不断被国人买回，有一张是我最用心的作品，被人买回后，还找到我，让我题词，看着这样一张最心爱的作品毫无代价地就成了别人的收藏品，我心里真有些惋惜，但我还是给他题了。在事业比

较顺利的时候，心情自然愉快，我和当时的许多画界的朋友关系都很好，心情一愉快，我就爱淘气，在一次联谊会上我为很多画家和书画界的朋友的名字编了一系列的灯谜，供大家猜，有的至今我还记得：

慢慢地，拿着耍。打开看，头胎马。（打两个人名）（谜底是："徐操"和"张伯驹"）

走近河旁，越洗越脏；躲进破墙，难逃法网；是庵是庙，不够明朗；文字革新，莫认工厂。（打一人名）（谜底是"于非闇"。按：此谜语讲究颇多。古"污"字可写作三点水加"于"字，故有前两句；他自己又常把"非"字写成"匪"字，古代这两字相通，故有次两句；他还常把"闇"字写成"菴"

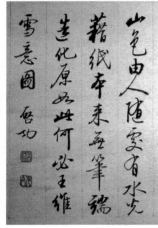

六六　启功绘画山水

六七　启功绘画《云峰石迹图》

六八　启功绘画《翠竹》

或"庵"，故有下两句；他自己还常把"闇"字写成"厂"字，此二字古代也相通，故有最后两句）

　　家住在城北，其实并不美。中间一张嘴，两边有分水。有头又有尾，下边四条腿。名在《尔雅》内，却非虫鱼类。翻到《释亲》章，倒数第一辈。出言莫怪罪，小市民趣味。（打一人名）（谜底是徐燕荪（"荪"也作"孙"。按：此谜语有许多典故出处。城北徐公用的是《战国策·齐策》"邹忌讽齐威王纳谏"的故事。《尔雅》是中国最古的一部字书，是按事物的种类编排的，古人认为读它可多识草木虫鱼的名称。在《释亲》章中，解释子孙的各种名称时有这样的话："子之子为孙，孙之子为曾孙，曾孙之子为玄孙，玄孙之子为来孙，来孙之子为云孙。"又，小市民骂人常骂对方为"孙子(zèi)！"）

　　因我和他们都很熟识，特别是徐燕荪，所以才敢这样编排他们，他们当然"怀恨在心"，想报复我，也想给我编点"损"的，但又编不出这么文雅的。为此我很得意。

　　后来绘画界准备成立全国性的专业组织——中国画院，要组织这样一个有权威、有影响的组织，必须由一个大家都认可的人物来出面，很多人想到了著名学者、书画家叶恭绰先生。（图六九）此事得到了周恩来总理的支持。当时叶恭绰先生住在香港，周总理亲自给他写信，邀请他回来主持此事。叶先生被周总理的信任所感动，慨然应允。回来后，自然成为画院院长的最热门人选。叶先生是陈校长的老朋友，我自然也和他很熟识，而且有些私交。如当我母亲去世时，我到南城的一家店去为母亲买装裹（入殓所穿之衣），路过荣宝斋，见到叶先生，他看我很伤心，问我怎么回事，我和他说起了我的不幸身世以及我们孤儿寡母的艰辛，他安慰我说："我也是孤儿。"边说边流下热泪，令我至今都很感动。又如他向别人介绍我时曾夸奖说："贵胄天潢之后常出一些聪明绝代人才。"所以承蒙他的信任，有些事就交给我办，比如到上海去考察上海画院的有关情况和经验，以便更好地筹办中国画院，为此我真的到

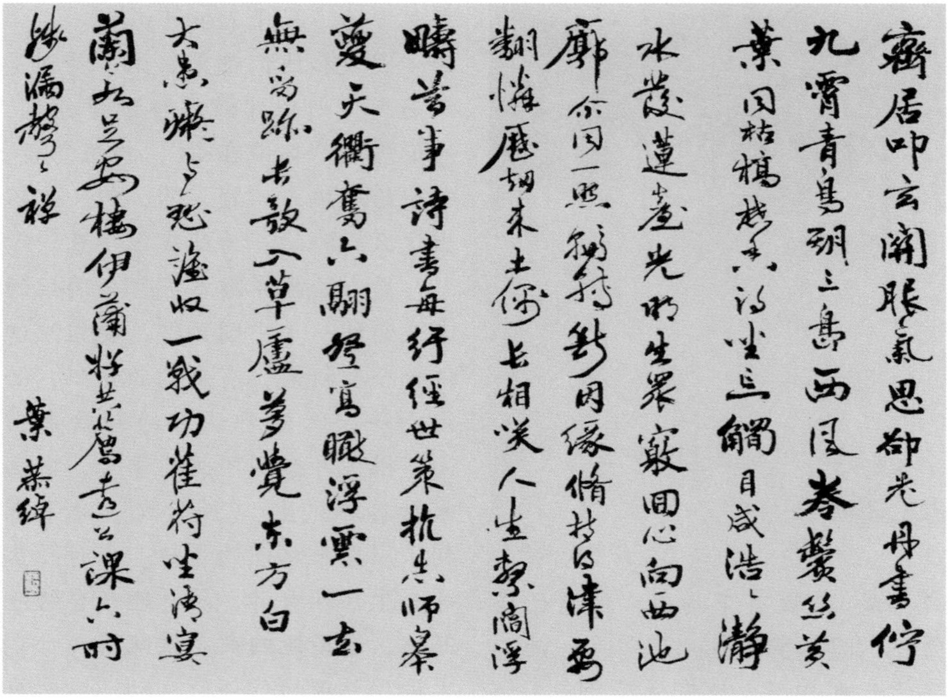

六九　叶恭绰先生墨迹

上海一带作了详细的调查研究，取得了很多经验。这样，在别人眼里我自然成了叶先生的红人。但这种情况却引起了一些人的嫉恨。当时在美术界还有一位先生，他是党内的，掌有一定的实权，他当然不希望叶先生回来主持画院，深知叶先生在美术界享有崇高的声望，他一回来，大家一定都会站在他那一边，自己的权势必定会受到很大的伤害；而要想保住自己的地位，就必须借这场反右运动把叶先生打倒。而在这位先生眼中，我属于叶先生的死党，所以要打倒叶先生必须一并打倒我，而通过打倒叶先生周围的人也才能罗织罪名最终打倒他。于是我成了必然的牺牲品。但把一个人打成右派，总要找点理由和借口，但凡了解一点我的人都知道，我是不会在所谓给党提意见的会上提什么意见的，不用说给党提意见了，就是给朋友，我也不会提什么意见。但怎么找借口呢？正应了经过千锤百炼考验的那条古训："欲加之罪，何患无辞？"经过多方搜集挖掘，终于找到了这样一条罪状：我曾称赞过画家徐燕荪的画有个性风格，并引用了"春色满园关不住，一枝红杏出墙来"的诗句来形容称赞他代表的这一派画风在新时代中会有新希望。于是他们就根据这句话无限上纲，说

我与师大

我不满当时的大好形势，意欲脱离党的领导，大搞个人主义。当时的批判会是在朝阳门内文化部礼堂举行的，那次会后我被正式打成右派。叶恭绰先生，还有我称赞过的徐燕荪先生当然也都按既定方针打成右派，可谓一网打尽。至于他们二人打成右派的具体经过和理由我不太清楚，不好妄加说明，但我自己确是那位先生亲自过问、亲自操办的。当然这场运动胜利之后，他在美术界的地位更炙手可热，呼风唤雨了。

我也记不清是哪年，大约过了一两年，我的右派帽子又摘掉了。我之所以记不清，是因为没有一个很明确郑重的手续正式宣布这件事，而且当时是在画院戴的，在师大摘，师大也说不清是怎么回事，总之我稀里糊涂地被戴上右派帽子，又稀里糊涂地被摘掉帽子。当时政策规定，对有些摘帽的人不叫现行右派分子了，而叫"摘帽右派"——其实，还是另一种形式的右派。我虽然没有这个正式名称，但群众哪分得清谁属于正式的"摘帽右派"，谁不属于"摘帽右派"？当时对"摘帽右派"有这样一句非常经典的话，叫"帽子拿在群众手中"——不老实随时可以给你再戴上。我十分清楚这一点，日久天长就成了口头语，比如冬天出门找帽子戴，如发现是别人替我拿着，我

会马上脱口而出："帽子拿在群众手中"；如自己取来帽子，马上会脱口而出："帽子拿在自己手中"。不管拿在谁的手中，反正随时有重新被扣上的危险，能不如履薄冰，如临深渊，战战兢兢吗？日久天长，熟悉我的人都知道这个典故，冬天出门前，都询问："帽子拿在谁的手中？"或者我自己回答："帽子拿在自己手中呢。"或者别人回答："帽子拿在群众手中呢。"

有人常问我："你这么老实，没有一句言论，没有一句不满，竟被打成右派，觉得冤枉不冤枉？"说实在的，我虽然深知当右派的滋味，但并没有特别冤枉的想法。我和有些人不同，他们可能有过一段光荣的"革命史"，自认为是"革命者"，完全是本着良好愿望，站在革命的或积极要求进步的立场上，响应党的号召，向党建言献策的，很多人都是想"抚顺鳞"的，一旦被加上"批逆鳞"的罪名，他们当然想不通。但我深知我的情况不同于他们。当时我老伴也时常为这件事伤心哭泣，我就这样劝慰她："算了，咱们也谈不上冤枉。咱们是封建余孽，你想，资产阶级都要革咱们的命，更不用说要革资产阶级命的无产阶级了，现在革命需要抓一部分右派，不抓咱们抓谁？咱们能成"左派"吗？既然不是"左派"，可不就是右派吗？幸

好母亲她们刚去世，要不然让她们知道了还不知要为我怎么操心牵挂、担惊受怕呢！"这里虽有劝慰的成分，但确是实情，说穿了，就是这么回事，没有什么可冤枉的，没有什么可奇怪的。我老伴非常通情达理，不但不埋怨我，而且塌下心来和我共渡难关。直到"文化大革命"后，拨乱反正，我的右派才算彻底、正式平反。我当时住在小乘巷的斗室里，系总支书记刘模到我家宣读了正式决定，摘掉右派帽子，取消原来的不实结论。我当时写下了几句话，表达了一下我的感想，其中有"至诚感戴对我的教育和鼓励"。在一般人看来，既然彻底平反，正式明确原来的右派是不实之辞，那还有什么教育可谈？所以他还问我这句是什么意思，以为我是在讽刺。其实，我一点讽刺的意思也没有，这确实是我的心里话：从今我更要处处小心，这不就是对我的教育吗？而令我奇怪的是，摘帽之后，那位给我戴帽的先生好像没事人一样，照样和我寒暄周旋，真称得上"翻手为云覆手雨"，"宰相肚里能撑船"了。

要说右派的故事，还要属叶恭绰先生，他可是真冤啊。我当时是个无名小卒，但他是大名鼎鼎的社会名流，又是受周总理亲自邀请真心诚意地抱着报效国家的愿望回来的，但回来没落个别的，却落

个右派，怎么能不冤？他也到处申诉。怎么向别人申诉我不知道，但通过陈校长我却知道。他和陈校长是多年的至交，在辅仁时期即过往甚密，打成右派后，他给陈校长写了很多信，既有申明，又有诉苦，极力表白自己不是右派，并想通过陈校长的威望告白当局和大家。陈校长也真够仗义执言，冒着为右派鸣冤叫屈的危险，竟把这些信交到中央，至于是交给周总理还是其他人，我就不知道了。后来也就摘帽了，继续让他在文字改革委员会工作。叶先生的高明在于他善于汲取教训。毛主席曾给他亲笔写过大幅横披的《沁园春·雪》，从此他把它挂在堂屋的正墙上，上面再悬挂着毛主席像。毛主席还给叶先生写过很多亲笔信，叶先生把它们分别放在最贵重的箱子或抽屉的最上面，作为"镇箱之宝"。后来，更厉害的"文化大革命"时，红卫兵前来抄家，打开一个箱子，看到上面有一封毛主席的亲笔信，再打开另一个箱子，看到上面又有一封毛主席的亲笔信，不知这位有什么来头，不敢贸然行事，只好悻悻而去。也凭着他的信多，换了别人还是不行。中央文史研究馆的张伯驹先生也有一段故事。他是个大书画家、书画鉴定家和收藏家。他曾把自己多年珍藏的众多国宝捐献给国家，但捐献不久就被打成右派。我曾写

我与师大

过一首《题丛碧堂张伯驹先生鉴藏捐献法书名画纪念册》的诗，诗曰：

书画光腾锦绣窠。词人雅好世无多。"陆机短疏"三贤问，"杜牧长笺"一曲歌。"官本游春"传有绪，"御题归棹"鉴非讹。暮年牖下平安福，怀宝心同胜卞和。

"陆机短疏"指陆机的《平复帖》，其中提到三个人的名字，此帖是目前能见到的有名可查的最早之帖。"杜牧长笺"指杜牧亲笔书写的《张好好诗》，诗人法帖的极品。"官本游春"指北宋政府所藏隋朝展子虔的《游春图》。"御题归棹"指宋徽宗题跋的《雪江归棹图》，有人据此认为此画也是宋徽宗所作，经张伯驹先生考证，只是他所跋。这四幅书画幅幅价值连城，张伯驹先生把它们都无偿捐献给国家，但不久却成了右派，使人想起战国时收藏无价之宝和氏璧的楚人卞和，他将宝玉先后献给了厉王和武王，却被认为是普通的石头，结果以欺君之罪先后砍去左右脚，直到文王时才发现它是真正的宝玉，卞和也才得到平反昭雪。幸好张伯驹的晚年平平安安，最终寿终正寝，故有诗中所说的"暮年牖下平安福"之句。张伯驹被打成右派后，是爱才的陈毅元帅为他平反的。陈毅元帅逝世后，张伯驹怀着感激的心情挥笔写下了一副挽联，那时林彪刚刚摔死，"文化大革命"仍在如火如荼、方兴未艾之时，文人，特别是右派文人随时都有被整的可能，张伯驹的夫人极力劝他不要张挂出来，但张伯驹还是冒着危险把它挂了出来。陈毅元帅追悼会那天，毛主席亲自出席了，那时他老人家身体已很不好了，据说是穿着睡衣类的衣服来的。追悼会上周总理特意让毛主席看看这副挽联，毛主席夸它写得好，又问是什么人写的，并派有关部门去调查了解。上面一来人，可吓坏了张伯驹的夫人，连连抱怨："我当初不让你写，你偏写。"没想到这次"是福不是祸"，张伯驹先生从此被安排到中央文史研究馆，算是得到了保护。

以往我遭受挫折的时候陈校长都帮助了我，援救了我，但这次政治运动中他想再"护犊子"似的护着我也不成了。可陈校长此时的关心更使我感动。一次他去逛琉璃厂发现我收藏的明、清字画都流入那里的字画店，知道我一定是生活困难，才把这些心爱的收藏卖掉，于是他不但不再开玩笑地说："这是给我买的吗？"从我这儿小小不然地"掠"走一些字画，而是出钱买下了这些字画，并立即派秘书来看望我，询问我的生活情况，还送来一百元钱。这在精神上给了我很大的安慰，再加上亲人、朋友的帮助，我才在逆境中鼓起继续生活下去的勇气。

三、“文化大革命”时期

在我的印象里，好像“反右”之后马上就是“文化大革命”了。其实，这期间相隔八九年。之所以有这种感觉，是因为这几年我过得太平淡。右派摘帽后，我仍然不能作主讲，只能和以前一样上点作品选课，再配合别人编点这方面的教材。倒是因为时间相对宽裕，加上又没剥夺著作权，我发表和准备发表了几本专著。

1966年6月突然爆发了史无前例的政治运动——“文化大革命”，所有中国人，上至中央领导，下至普通农民无一不被卷入到政治斗争中。在“我的第一张大字报”的推动下，各单位铺天盖地地都贴满了大字报，形势已非常紧张，再亲近的人也不敢多交谈了，正所谓“道路以目”。一次在看大字报时偶遇到陈校长，他只以充满疑虑与迷茫的神情低声地对我说了一句：“这究竟是怎么了？”便消失在人群中，我望着他的背影不知怎样回答他，安慰他（图七○）。而像我这样久经沙场的被改造对象倒是有清醒的思想准备，看这架势，更要“夹着尾巴做人”，好好接受改造了。很

七○ 1969年，在“文化大革命”的艰难岁月中，启功和刘乃和看望陈垣先生

快我的家就被抄了，工资也被扣了。但万幸的是我的遭遇还不是最惨的。还没像老老实实，从来不多说一句的大学者刘盼遂那样，被红卫兵活活打死，然后塞到水缸里。北师大中文系的红卫兵到小乘巷去抄我的家，问我："有什么'封资修'？"我老老实实地回答："没有'资'，也没有'修'，只有'封'。"红卫兵说："那好，就给你封了吧！"于是把我的东西贴上封条。再来的红卫兵看到已有红卫兵查封过了，也就不再追究。在那个时代能有这样的待遇就是万幸了，可能平时学生对我并没什么恶感，此时也就高抬贵手了。再加上后来我老伴的精心保存，我那些诗稿、文稿，还有一些零星的收藏才得以保留下来。当时我的工资停发了，每月只发给15元的生活费，还算通情达理，考虑到我还有一个没工作的老伴，法外开恩再加15元，但那也不够花呀。幸好我在辅仁美术系的一个学生，她的丈夫是化学系的，也上过我的大学国文课，后来又成为我的一个好朋友的熊尧先生，他是PHD（留学的"哲学博士"），又没受到运动的冲击，便每月资助我40~60元，帮我渡过难关。后来政策逐步松动，发还工资，我才把钱还给他。

不久大部分教师，特别是老教师都被打成"牛鬼蛇神"。但"牛鬼蛇神"又分两种，一种是正式的"牛鬼蛇神"，像黄药眠先生、钟敬文先生、陆宗达先生、俞敏先生、李长之先生等人，几乎全伙在此，他们被安排在教学楼二楼的一间教室里活动，学习、开会，当然少不了"坐喷气式"，蹩着挨批斗。有人认为"蹩着"是当时的新发明，其实不然，这里面还有典故：明朝有人写了一本关于太监的书叫《酌中志》，就提到当时的太监常要蹩着鞠躬，时间长了，以致晕倒，这和"文化大革命"时看到的情况不是很相似吗？另一种是必定挨整，但又没多大油水的人，为"准牛鬼蛇神"。像我这样"弃之可惜，食之无味"的人自然属于这一种。我没有任何现行言论，仅有的一点问题早已作了定论，再搞也就是这点东西了，但不划出来，就没办法区分左、中、右了。"准牛鬼蛇神"中还有穆木天先生、王汝弼先生、杨敏如先生等人。我们的待遇与境况要比正式的"牛鬼蛇神"好一些，我们是"挂起来"。"挂起来"很符合"准"的定义，即先"挂"在那儿，一旦需要就可以挑（tiǎo）下来随时拿来示众。

我们整天被集中在主楼六层的一个房间内学习、开会，交代问题。召集人是沈藻祥先生，他每天要向领导汇报情况。当时的领导也说不清都是谁，一会儿是"革委会"，一会儿是"筹委会"，一会儿是"红卫兵"司令部，一会儿是军宣队。当然还要无休止地写检查材料、交代材料。当时如果实事求是地交代是绝对过不了关的，革命群众必定继续批判你"不老实"，"轻描淡写"，"避重就轻"，"不能触及灵魂"，"企图蒙混过关"，只有昧着心、狠下心把自己狗血喷头地臭骂一顿才能最终过关。我当然也不例外。有意思的是，不知怎么回事，我当年的那些检查，前几年居然出现在北京著名的旧货市场潘家园上，经过一番周折才被朋友赎了回来。现在还能从中看到当时的"文革"语言，那也就算得上是一件文物了吧（图七一）。说到学习，其实很多时候并没有什么正经可学

的，为了体现革命热情，就需要尽量把活动安排得满满的，即使讨论讨论大字报也好。那时为了忙里偷闲，我们时不时地都争着下楼给大家打开水，顺便遛遛，看看大字报，回来后好找些话题讨论讨论。

我们这些人在革命群众眼里已经沦落为牛鬼蛇神了，可有些人还想在牛鬼蛇神中充当"左派"，执牛耳。有一位教授永远要当左派的痴心不改，这次他逮（děi）不着李长之了，便来逮我。他能逮我什么呢？无非是成心找茬呗。比如有一回我下楼给大家打开水，回来后大家照例问有什么新鲜的大字报，我说有一张大字报批评说现在"某某报"完全执行过去某某报的路线。具体内容我已记不清了，反正都是当时一些乱上纲的大批判，并没牵涉到当时路线斗争最核心的问题。我说完以为就完了，不料这位教授又对我进行分析推理，硬说从我的介绍中可以看得出来我是赞成过去反动路线的。这我哪受得了？我再觉悟低，究竟还不至于连自己赞成什么、反对什么都分不清，而他硬要把别人的观点反过来，还一口咬定这是你说的，然后扣上一个大帽子。事后我找到沈藻祥，让他务必向领导反映清楚，否则真是浑身是嘴也说不清了，我可真是被这些人整怕了。

七一　启功在文革中写的检查材料

我们"准牛鬼蛇神组"的成员，也有随时"晋升"的机会，往往有头一天还在这个组里尽量表现自己，滔滔不绝地批判别人，第二天就不见了的情景，一打听，原来发现有新罪行，从而归入到正式"牛鬼蛇神组"扫马路去了。反正那时的罪名和帽子满天飞，地、富、反、坏、右、叛徒、特务、走资派、臭老九，有点海外关系的叫里通外国，随便按（ǎn）一个就行。后来我曾刻过一方闲章，题为"草屋"，出处是陶渊明"草屋八九间"（图七二），而"八九间"即前八种罪名——地、富、反、坏、右、叛徒、特务、走资派和第九种罪名"臭老九"之间。但后来，拨乱反正了，

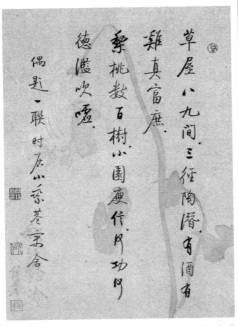

七二 启功有关"草屋"的对联

知识分子再也不是臭老九了，我也就不再用这枚章了。

不久发起红卫兵和革命群众大串联活动，目的是进一步宣传毛泽东思想和毛主席革命路线，发动群众把"文化大革命"更广泛、更深入地推向全国各地。我们这些人当然没资格去搞大串联，但在那风起云涌的时代绝对不能闲待着，待着本身就是罪。那时萧璋先生是被"挂起来"的系主任，但他不是党员，而他一直积极要求入党，时时争取表现的机会，在他的争取下，我们几个半老的"牛鬼蛇神"和"准牛鬼蛇神"也得到了一个参加革命运动的机会——到北京郊区去宣传毛泽东思想。对我们这些人来说，这无异是恩赐和荣誉。于是我和陆宗达、叶苍岑、葛信益、萧璋等人自告奋勇，每人花30元（不要忘了那时我每月只有30元），各买了一大桶红油漆，到周口店的周口村去刷革命标语，因为那时时兴到处刷标语。我们白天写标语，晚上就住在农民家里，睡在土炕上。越写到后来，天越冷，冻得手都肿得打不了弯儿，真体会到什么叫"霜严衣带断，指直不能结"了，但心里还觉得挺带劲的。我们去的时候是秋天，回来时已到年根儿，整整奋战了三个月，一大桶红油漆用得罄光，要不是为了过年，还要继续战

斗下去。正当我们怀着一种空前的成就感回来时，没想到刚一下进城的长途车，当头就挨了一棒，只见车站附近、大街两旁到处贴满了大字报——"'红海洋'是大阴谋！"原来在我们离开的这一段时间，革命形势又有了飞速的发展，又出现了一个新的革命理论，据说还很有来头，是哪位首长亲自说的：到处刷标语是资产阶级反动路线的大阴谋，为的是把墙上的地方都用革命口号占满，好让革命群众没地方贴大字报。这种观点不可谓不深刻，吓得人不敢再刷了。但仔细一想也实在荒唐：把所有能贴大字报的地方都刷上标语，那得刷多少？总之，我们去的时候是抱着宣传毛主席革命路线去的，回来的时候是破坏毛主席革命路线回来的，革命形势发展得真快啊，无论我们想怎么紧跟都跟不上，好不容易革了一回命还革错了，真叫人哭笑不得。

后来实行了军管，最疾风暴雨的时期已经过去，形势显得稍微平静了一些，教师与同学都按班、排、连的编制混合编在一起，老师要和同学一起学习、搞运动。其中主要的活动之一是抄大字报。这是我的强项，我不管起草，只管抄，我觉得这段时间是我书法水平长进最快的时期。抄大字报不用刻意地挑好纸、好笔，也不用讲那么多的排场，一支秃笔、几张彩纸，甚至报纸，边抄边聊即可。越是这样，越没有负担，越可以挥洒自如；相反，像我后来出名之后，给我准备了最好的湖笔，最上等的撒金乌丝格，甚至名贵的蜀绢，一大堆人簇拥着，有的要给我抻纸，有的要给我研墨，有的要给我照相，一边还不断地评论着，赞美着，我倒心里别扭，放不开，写不好，总怕浪费了这么好的材料，对不住这么多的人情。所以我对抄大字报情有独钟。后来总有人喜欢问我："你的书法算是什么体的？"我就毫不犹豫地回答他："大字报体。"除了抄一般的大字报之外，时不时地还要抄精装版的大字报，比如为庆祝党的生日、国庆等，就要出讲究的板报，用上等的纸抄些毛主席语录、诗词之类的，再配上些高山红日、青松翠柏的图案，凭我几十年的功底，这些更是小菜一碟，每出完这样的板报，我总是把它当作艺术品欣赏一番，观众也要啧啧称赞一番。更有有心人：前几年我在拍卖市场上居然看到我那时抄的毛主席诗词成了拍卖品，而且确实是我的真迹，价格卖得也很好。当时有些喜欢写字的同学经常和我一起抄，我们可以互相切磋技艺。但有一点我需声明一下：我一生从未收过书法学生。以前我教的都是中文系的普通学生，改革开放后我招了很多硕士生和博士生，那些都是随我学古典文学或文史古籍整理的，并没有学书法的。有些人并没跟我学过书法，但写了字到处说是我的学生，这必另有所图，也是我所不能承认的，"文革"时那些和我一起写字的，我们之间也没有这方面的师生关系。

军管时还有两件事给我留下深刻印象。一次苏州专门派人找我来调查柴德赓的情况。他们把我叫到一个单独的房间，盛气凌人地对我说："你知道吗？柴德赓见过反革命分子胡适，我们一定要把这个问题调查清楚，你一定要老老实实反映问题，坚决揭露批判他，以便得到党和人民的谅解，争取到'给出路'的机会。"我心想这哪里是找我外调？简直是审查批判我。幸亏这边陪同的军代表告诉他："这人已归队（即通过审查不再'挂起来'了）了"，那位外调人员态度才缓和了一些，改口说："那就继续改造思想，争取更好的表现和出路吧！"这话听起来多么熟悉，好像右派摘帽后听到的许多教导一样。我只能心平气和地如实向他说明了我所知道的情况，其实那只是一般的会面，根本算不上什么问题。不久听说柴德赓在苏州也被宣布"解放"了，这不是一件很好的事吗？但真是物极必反、喜极而悲，"祸

分福所倚，福分祸所伏"，柴德赓在得到平反消息的第二天竟突然死亡了。原来，头天晚上他太激动、太兴奋，和前来向他宣布归队消息的人彻夜长谈，内容可想而知，必定都是些表白、感激的话，勾起他种种往事，竟一夜未眠，当时他正在干校劳动，第二天他不但没休息，反而激动地亲自打着红旗下地劳动，路上突发心脏病，不幸去世。现在想起来，当时他只不过被恢复到一般人的身份与地位，竟如此的激动，只能说明在被剥夺了一般人的身份与地位后他是多么的痛苦，又多么渴望恢复自己的政治生命。柴德赓先生是很得陈校长喜欢的，他死时陈校长年事已很高，身体又很不好，更何况当时又处在人人自危的时代，所以我们谁也没敢告诉他，直到他不久也去世，始终不知道柴德赓已先他而去了。

第二件事发生在1971年6月的一天。那天有人通知我，军代表要找我谈话。那时我一听有人找我谈话心里就发毛，更何况军代表是那时的最高领导。我自然不敢怠慢，赶紧去他的办公室。不巧，要找我的那位军代表不在，我只好说明情况，问其他人知道不知道找我有什么事。有一位答道："听说是什么'二十四师'，要调你去，就是想通知你这件事，至于具体情况

我与师大

你明天找那位同志再详谈吧。"我一听这消息,当时就蒙了,又无法继续打听清楚,只好先出来,回来的路上,我一边走,一边犯嘀咕:我和军队什么关系都没有,再说,像我这样的人怎么会往军队里调?军队里怎么会要我?莫非要把我进一步看管起来?我什么都没做啊!这事太意外,太不可思议了。再说我老伴身体非常不好,正患黄疸性肝炎住院治疗,她病得非常重,一般人得黄疸性肝炎只需吃些药静养一阵就好了,可她都动用了激素,必须有人陪住照顾。调到别的单位还好说,调到军队,军令如山倒,没什么条件可讲,指不定发到什么地方,谁来照顾我老伴?就这样我一夜辗转反侧,忐忑不安,彻夜难眠。第二天一早我就急忙去找那位要找我的军代表,他不知昨天别人怎么跟我说的,很心平气和地对我说:"上级领导准备调你到中华书局《二十四史》编辑部去工作,这可是一项重要的工作,体现了党一向重视文化工作,也体现了党对你的信任……"他再往下说什么我都听不进去了,听到是到"二十四史"而不是"二十四师",我心里的石头砰的一下落了地,顿时踏实了下来,原来如此!想起昨天的误传,想笑又不敢笑,本来嘛,"二十四史"和我才着边,

"二十四师"和我有什么关系?

于是我迎来了"文革"期间最稳定、最顺利、最舒心的一段时期,从1971年7月一直干到1977年,任务是校点"二十四史"。我的具体任务是校点《清史稿》。这时,我的人事关系虽然还在师大,但人已借调到中华书局,等于到了一个全新的单位,而这个单位的其他人也都是从全国各地临时调来的,而且都是研究各朝历史的专家学者(图七三)。这些人临时组在一起好处很多,一是虽有临时党组领导着你,但终究不像以前那样,什么事都攥着你,什么小事都能串起一大堆事;二是大家新凑在一起,虽然有的原来有些认识,有些交往,但终究没长期相处过,彼此没什么大矛盾,不至于一下就像原单位那样闹起派性、打起派仗来;再说大家从心里早就厌弃了这几年没完没了的批来批去,有了这机会都想干点本行的实在事、正经事,而当局也想干出这项工程,证明他们注重文化事业,所以也不会特意地引导我们去搞运动,整个的环境气氛相对宽松了许多。和我一起负责点校《清史稿》的还有刘大年、罗尔纲、孙毓棠、王钟翰等先生,其中刘大年先有事撤出,后罗尔纲、孙毓棠也因病离去,只有王钟翰和我坚持到最后。在我们接手之前,马宗霍等人

王毓銓
張政烺
周振甫
王鍾翰
孫毓棠
姚景安
崔文印
陈仲安
張忱石
何英芳
陰法魯
唐長孺
白壽彝
丁樹奇
顾頡剛

已经作了一些初步的整理，但遗留了很多的问题。据他们说整理此书最大的困难有两个：一是满清入关前，即满清建立初期——努尔哈赤时代，很多典章制度都不系统明确，很多记载也比较简略凌乱，整理起来很困难；二是清史中的很多称谓，如人名、地名、官职名，和历朝历代有很多不一样的地方，特别是人名，本来就挺复杂，再加上后来乾隆一乱改，很多人一遇到这种情况，就拿不准、点不断了。但正所谓“难者不会，会者不难”，这些对我来说就跟说家常一样，易如反掌，因为我对满人的这套风俗习惯和历史沿革还是很熟悉的。所以工作量虽然很大，一部《清史稿》有48大本之多，但工作一直进行得很顺利，发现并改正了大量的错误，如《清史稿》中居然把宋朝人的、日本人的

七三　标点《二十四史清史稿》同人合影（1973）

著作，甚至对数表都放了进去。经过点校，《清史稿》和其他各朝正史都有了准确、通行的本子。

到中华书局不久，就赶上"9·13"事件，全体职工挤在中华书局的仓库里听传达，当听到林彪"折戟沉沙"的消息以后，大家心中都出了一口恶气，心情空前的舒畅。工作一顺利，心情一愉快，我

的积习又不断地萌动，在工作之余或午休的时候又忍不住写写画画起来，随便抻一张纸，信手挥洒几笔，一时成为中华书局一景。这使我想起了苏东坡的遭遇：当他在乌台受审时，他已写下了"梦绕云山心似鹿，魂飞汤火命如鸡"的绝命诗，但被贬黄州后，境遇稍有改善，就又高唱"却对酒杯浑似梦，试拈诗笔已如神"了。我的积习复燃，不是和东坡有很相似之处吗？我每完成一幅小作品，大家评论两句，缓解一下疲劳，在场的谁有兴趣谁就拿走，谁也不必刻意地求我，我也不特意地送谁，大家都把它当成一种乐趣，暂时忘却那多事之秋带来的种种烦恼。多少年后，回想起这融洽的情景还觉得很有意思。我曾写了四首小绝句《题旧作山水小卷，昔预校点诸史之役，目倦时拾小纸作画，为扶风友人持去，选堂为颜'云蒸霞蔚'四字。今归天水友人，为题四首》：其中前两首写道：

小卷零笺任意描。丛丛草树聚山坳。不知十几年前笔，纸上畸魂似可招。

窗下馀膏夜半明。当年校史伴孤灯。可怜剩墨闲挥洒，块垒填胸偶一平。

其中"纸上畸魂"、"块垒填胸"等正是指在那特殊年代作画时的感情。

四、老伴之死

在中华书局时期虽然政治上比较宽松，使我在那残酷的斗争年代得到暂时的缓解和喘息，但另一种难以抗拒的灾难又降临到我的头上。这就是我老伴的病与死。

我的老伴叫章宝琛，比我大两岁，也是满人，属"章佳氏"，二十三岁时和我结婚，我习惯地叫她姐姐。我们属于典型的先结婚后恋爱的夫妻，婚后感情十分好。她十分贤惠，不但对我体贴入微，而且对我的母亲也十分孝敬，关系处得十分融洽（图七四）。我曾在纪念她的组诗《痛心篇》二十首中（图七五）用两首最直白，但又是最真切的五言绝句这样记录我们之间的亲切感情：

结婚四十年，从来无吵闹。白头老夫妻，相爱如年少。

先母抚孤儿，备历辛与苦。得妇喜尝言，似我亲生女。

到我这一辈，我家已没有任何积蓄，自从结婚后，就靠我微薄的薪水维持生活。特别是前几年，我的工作非常不稳定，在辅仁几入几出，几乎处于半失业的状态。我的妻子面临着生活的艰辛，没有任何埋怨和牢骚。她自

七四　启功和母亲、姑姑、妻子合影
左起：启功、夫人章宝琛、母亲克连珍、姑姑恒季华

己省吃俭用，有点好吃的，自己从不舍得吃，总要留给母亲、姑姑和我吃，能自己缝制的衣服一定自己动手，为的是尽量节省一些钱，不但要把一家日常的开销都计划好，还要为我留下特殊的需要：买书和一些我特别喜欢又不是太贵的书画。我在《痛心篇》中这样写道：

> 我饭美且精，你衣缝又补。我剩钱买书，你甘心吃苦。

特别令我感动的是，我母亲和姑姑在1957年相继病倒并去世，那时政治气候相当紧张，为了应付政治运动，我不得不把大部分精力投入到社会活动中，重病的母亲和姑姑几乎就靠我妻子一个人来照顾，那时的生活条件又不好，重活脏活、端屎端尿都落在她一人身上，如果只熬几天还好办，但她是成年累月地忙碌。看着她日益消瘦的身体，我心痛之极，直到送终发丧，才稍微松了一口气。我没有别的能感谢她，只好请她坐在椅子上，恭恭敬敬地叫她一声"姐姐"，给她磕一个头。

她不但在日常生活中百般体贴我，还能在精神上理解我。我在辅仁美术系教书和后来教大一国文时，班上有很多女学生，自然会和她们有一些交往，那时又兴师生恋，于是难免有些传闻。但我心里非常清醒，能够把握住分寸，从来没有任何超越雷池的举动。那时有一个时兴的词，形容男女作风不正常地过于亲昵叫"吊膀子"，我可绝没有和任何女生吊过膀子，更不敢像某前辈大师那样"钦点"手下的女学生：据说有一回，一些弟子向这位前辈大师行磕头礼，正式拜他为师学画。他看到其中有一个他喜欢的女学生，就对她说："你就不用磕头了。"这位女学生心领神会，后来就嫁给了他。我可没这么大的谱。这些风言风语也难免不传到我妻子的耳中，但她从来都很理解我，绝不会向我刨根问底，更不会和我大吵大闹，她相信我。如果有人再向她没完没了地嚼舌，她甚至这样回答他："我没能替元白生育一男半女，我对不住他。如果谁能替他生育，我还要感谢她，一定会把孩子当亲生的子女一样。"她就是这样善良，使嚼舌的人听了都感动，更不用说我了，我怎么能做任何对不起她的事呢？

她不但在感情生活上理解我，在政治生活上也支持我。按理说，她一生都是家庭妇女，哪里谈得上什么政治，但架不住在政治运动不断的50、60、70年代，她不找政治，政治却要找她。先是我在1958年被打成右派，接着在60、70年代"文化大革命"中又被打成牛鬼蛇神，各种打击都要株连到家庭，她也有委屈的时候，但在我的劝导下，她也想开了，不但对我没有任何的埋怨，而且铁定决心和我一起共度那漫漫长夜，一起煎熬那艰苦岁月，还反过来劝慰我放宽心，保重身体，"留得青山在，不怕没柴烧"。我不知这是不是叫逆来顺受，但我却知道这忍耐的背后，却体现了她甘于吃苦、坚韧不拔的刚毅和勇气。她

不但有这种毅力和精神，而且相当有胆识和魄力，在"文化大革命"随时可能引火烧身的情况下，一般人唯恐避之不远，能烧的烧，能毁的毁，我不是也把宗人府的诰封烧了吗？但她却把我的大部分手稿都保存了下来，她知道这是我的生命，比什么东西都值钱。后来我有一组《自题画册十二首》的诗，诗前小序记载的就是这种情况："旧作小册，浩劫中先妻褫其装池题字，裹而藏之。丧后始见于箧底，重装再题。"她把我旧作的封面撕下卷成一卷，和其他东西裹在一起，躲过浩劫。受她的启发，我把在"文化大革命"中起草的《诗文声律论稿》偷偷地用蝇头小楷抄在最薄的油纸上，一旦形势紧张，就好把它卷成最小的纸卷藏起来。幸好这部著作的底稿也保存了下来。"文化大革命"之后，当我打开箱底，重新见到妻子为我保留下来的底稿时，真有劫后重逢之感，要不是我妻子的勇敢，我这些旧作早就化为灰烬了。所以我们称得上是真正的患难夫妻，在她生前我们一路搀扶着经历了四十年的风风雨雨，正像《痛心篇》中所说的：

相依四十年，半贫半多病。虽然两个人，只有一条命。

但不幸的是她身体不好，没能

和我一起挺过漫漫长夜，迎来光明。她先是在1971年患严重的黄疸性肝炎，几乎病死，幸亏后来多方抢救，使用了大量的激素药物才得以暂时渡过难关。在她病重时我想到了我们俩的归宿，我甚至想，不管是谁，也许死在前面的倒是幸运。但不管怎样，我们俩将来仍会重聚：

今日你先死，此事坏亦好。免得我死时，把你吓坏了。

枯骨八宝山，孤魂小乘巷。你且待两年，咱们一处葬。

后来她的病情出现转机，我不断地为她祈祷祝福：

强地松激素，居然救命星。肝炎黄疸病，起死得回生。

愁苦诗常易，欢愉语莫工。老妻真病愈，高唱乐无穷。（《痛心篇》）

到了秋天她的病真的好了，我把这些诗读给她，我们俩真是且哭且笑。

但到了1975年，老伴旧病复发，身体状况急剧下降，我急忙把她再次送到北大医院，看着她痛苦的样子，我预感到她可能不久于人世，所以格外珍惜这段时光：

老妻病榻苦呻吟，寸截心肠粉碎心。四十二年轻易过，如今始解惜分阴。

那时我正在中华书局点校《二十四史》，当时对我高度信任才让我从事这项工作，我自然不敢辞去工作，专门照顾老伴，所幸中华书局当时位于灯市西口，与北大医院相距不远，为了既不耽误上班，又能更好地照顾她，我白天请了一个看护，晚上就在她病床边搭几把椅子，睡在她旁边，直到第二天早上看护来接班。直到现在我还非常感激这个看护，很想再找到她，但一直没联系上。就这样一直熬了三个多月，我也消磨得够呛，她虽然命若游丝，希望我能陪伴她度过仅有的时光，但还挂念着我的身体，生怕把我累坏，不止一次地对我和别人说：

妇病已经难保，气弱如丝微袅。执我手腕低言："把你折腾瘦了。"

"把你折腾瘦了，看你实在可怜。快去好好休息，又愿在我身边。"

病床盼得表姑来，执手叮咛托几回。"为我殷勤劝元白，教他不要太悲哀。"

到后来她经常说胡话，有一次说到"阿玛（满族人管父亲称阿玛）刚才来到"。我便想只要她能在我身边说话，哪怕是胡话也好：

明知呓语无凭，亦愿先人有灵。但使天天梦呓，岂非死者犹生。

我与师大

在她弥留之际，我为她翻找准备入殓的衣服，却只见她平时为我精心缝制的棉衣，而她自己的衣服都是缝缝补补的：

为我亲缝缎袄新，尚嫌丝絮不周身。备她小殓搜箱箧，惊见衷衣补绽匀。

她终于永远离开了我，我感谢了前来慰问的人，对他们说我想单独和她再待一会儿。当病房里只剩下我们这一生一死两个人的时候，我把房门关紧，绕着她的遗体亲自为她念了好多遍"往生咒"。当年我母亲去世时，我也亲自给她念过经，感谢她孤独一人茹苦含辛地生我，抚我，养我，鞠我。当时的形势还不像"文化大革命"时那样紧张。而"文化大革命"闹得最厉害的就是"破四旧"，别人如果知道我还在为死者念经，肯定又会惹出大麻烦，但我只能借助这种方式来表达和寄托我对她的哀思。这能说是迷信吗？如果非要这样说，我也顾不得那么多了，我只能凭借这来送她一程，希望她能往生净土，享受一个美好幸福的来世，因为她今生今世跟我受尽了苦，没有享过一天福，哪怕是现在看来极普通的要求都没有实现。我把我的歉疚、祝愿、信念都寄托在这声声经诵中了。

她撒手人寰后，我经常在梦中追随她的身影，也经常彻夜难眠，我深信灵魂，而我所说的灵魂更多的是指一种情感，一种心灵的感应，我相信它可以永存在冥冥之中：

梦里分明笑语长，醒来号痛卧空床。鳏鱼岂爱长开眼，为怕深宵出睡乡。

君今撒手一身轻，剩我拖泥带水行。不管灵魂有无有，此心终不负双星。

老伴死后不久，"文化大革命"就结束了，我的境况逐渐好了起来，用俗话说是"名利双收"，但我可怜的老伴再也不能和我分享事业上的成功和生活上的改善，她和我有难同当了，但永远不能和我有福同享了。有时我挣来钱一点愉快的心情都没有，心里空落落的，简直不知是为谁挣的；有时别人好意邀请我参加一些轻松愉快的活动，但一想起只剩下我一个人了，就一点心情都没有了：

纸币倾来片片真，未亡人用不须焚。一家数米担忧惯，此日摊钱却厌频。酒酽花浓行已老，天高地厚报无门。吟成七字谁相和，付与寒空雁一群。

《夜中不寐，倾箧数钱有作》（图七六）

先母晚多病，高楼难再登。先妻值贫困，佳景未一经。今友邀我游，婉谢力不能。风物每入眼，凄恻偷吞声。

《古诗四十首·十一》

我把先妻的镜奁作为永久的纪念珍藏着，经常对镜长吟：

岁华五易又如今，病榻徒劳惜寸阴。稍慰别来无大过，失惊俸入有馀金。江河血泪风霜骨，贫贱夫妻患难心。尘土镜奁谁误启，满头白发一沉吟。

《见镜一首。时庚申上元先妻逝世将届五周矣》

凋零镜匣忍重开，一闭何殊昨夕才。照我孤魂无赖往，念君八识几番来。绵绵青草回泉路，寸寸枯肠入酒杯。莫拂十年尘土厚，千重梦影此中埋。

《镜尘一首，先妻逝世已逾九年矣》

"昔日戏言身后事，今朝都到眼前来。"当年我和妻子曾戏言如果一人死后另一人会怎样，她说如果她先死，剩下我一人，我一定会在大家的撺掇下娶一个后老伴的，我说绝不会。果然先妻逝世后，周围的好心人，包括我的亲属，都劝我再找一个后老伴。我的大内侄女甚至说："有一个最合适，她是三姑父的学生，她死去的老伴又是三姑父最要好的朋友，又一直有书信来往，关系挺密切，不是很好吗？"确实，从

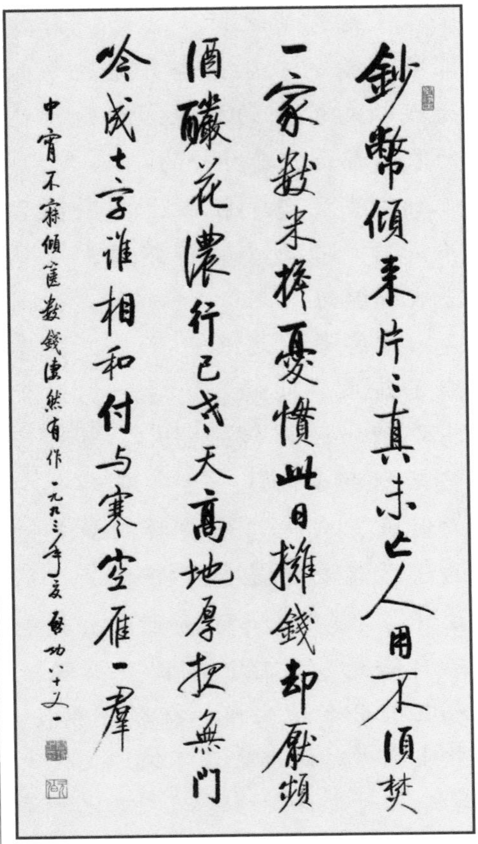

七六 启功《夜中不寐，倾箧数钱有作》墨迹

年轻时我们就有交谊，但这不意味着适合婚姻。还有人给我说合著名的曲艺艺人，我也委婉地回绝了，我说："您看我这儿每天人来人往的，都成了接待站了，再来一帮梨园行的，每天在这儿又说又唱的，还不得炸了窝？日子过起来岂不更不安生？"还有自告奋勇，自荐枕席的，其牺牲精神令我感动，但那毕竟不现实。所以我宁愿一个人，也许正应了元稹的两句诗："曾经沧海难为水，

我与师大

除却巫山不是云。"

到 1989 年冬，离先妻去世已十四年了，我又因心脏病发作住进北大医院，再次面临死亡考验，在别人都围着我的病床为我担心的时候，我忽然又想起了当年和老伴设赌的事，我觉得毫无疑问，是我赢了，于是写了一首《赌赢歌》，这在我的诗集中体例也是很特殊的一首，颇像大鼓书的鼓词儿，一开始说：

老妻昔日与我戏言身后况，自称她死一定有人为我找对象。我笑老朽如斯那会有人傻且疯，妻言你如不信可以赌下输赢账。……

接下来写家人朋友如何为我"找对象"，其中两句说别人都是好心劝我找个"伴"，我却怕找不着伴，倒找了个"绊"：

劝言且理庖厨职同佣保相扶相伴又何妨？再答伴字人旁如果成丝只堪绊脚不堪扶头我公是否能保障？

最后写道在鬼门关前证明还是我赢了，为此我不但不害怕，而且发出胜利的笑声：

忽然眉开眼笑竟使医护人员尽吃惊，以为鬼门关前阎罗特赦将我放。宋人诗云时人不识余心乐，却非傍柳随花偷学少年情跌宕。床边诸人疑团莫释误谓神经错乱问因由，郑重宣称前赌今赢

足使老妻亲笔勾销当年自诩铁固山坚的军令状。

就这样我孤单一人生活到现在，感谢我的内侄一家精心照料我的生活（图七七～八一）。

七七　启功和内侄章景怀、郑喆夫妇

七八　启功与内侄孙章正

七九　启功与内侄章景怀和内侄孙女王悦

八〇　启功和孙辈们

八一　晚辈祝启功九十寿辰

五、迟到的春天

1976 年"文化大革命"终于结束了。十年动荡后，活下来的人都有劫后余生之感，人们怀着美好的憧憬，迎接新时期的到来。那时我还在中华书局，当我们再次聚在仓库里听传达粉碎"四人帮"的文件时，热烈的场面几乎炸破拥挤的会场。第二天我用宣纸工工整整地写了一张欢呼打倒"四人帮"的大字报。这是我十年来第一张自己起草、表达自己意志的大字报，堪称"我的第一张大字报"。当我去贴的时候，看到邓经元先生写的一张《某某有春桥思想》的大字报，不由得大笑。"文革"中，有些领导同志确实自觉或不自觉地执行了"四人帮"路线，百般阻挠学术书的出版，只许出宣传"四人帮"反动路线的书。这说明大家已开始自觉清算"四人帮"的流毒了，看到这种形势怎么能不令人高兴呢？

1977 年校点《二十四史》的工作结束，我又重新回到师大从事教学和科研工作。先是参加了培养"文革"后师大首届研究生的指导工作，为他们讲课，指导他们的毕业论文，后来也为本科生和业大生开些专题讲座。那时学生的学习积极性非常高，每次讲课教室都坐得满满的，我讲起来也很有兴致。1984 年被聘为博士生导师，直到现在每年都招收若干名博士生。

之后我的社会工作和社会兼职越来越多，越来越高。我曾和别人开玩笑说自己是"贼星"发亮。1980 年当选为"九三"学社中央委员，1981 年中国书法家协会成立，当选为副主席，主席由号称"军中一支笔"的老革命舒同担任，1984 年舒同离任，我接任主席。之前我被选为北京市政协委员，被任命为北京市民族事务委员会委员。1983 年受国家文物局聘请，我和几位专家组成中国古代书画鉴定组，负责鉴定全国各大博物馆馆藏的书画作品。1986 年又被文化部聘为国家文物鉴定委员会的主任委员（图八二）、故宫博物院顾问，《中国美术分类全集》主编。1986 年起历任全国政协第五、六、七、八、九、十届常委（图八三），并兼任书画室主任。1992 年被聘为中央文史研究馆副馆长，1999 年正馆长萧乾先生去世后接任馆长（图八四）。

随之而来的是大量的社会活动的增多。如 1982 年起，多次到香港各大学讲学、访问、鉴定、办展，其中较有影响的是 1990 年为筹备"励耘奖学金"举办的"启

八二 文化部聘请启功为国家文物委员会和国家文物鉴定委员会委员的聘书

八三 2003年启功参加全国政协第十届全体会议

八四 国务院副总理钱其琛将文史馆馆长聘书授予启功

功书画义卖"（图八五、八六）。这次义卖得到香港有关人士的大力支持，所得款项扣除办展成本、

所得税后共计一百六十余万元，我把它全部交给学校，成立一个扶植贫困学生的奖学基金会。起初学校要用我的名字来命名，我坚决不同意，而以陈老校长的书斋名"励耘"来命名，以此略表我对老师的感激与缅怀，也希望下一代能把老校长的精神和品格传承下去。而当1997年香港回归时，我真的体会到一种民族自豪感，不禁口占了几首小诗：

珠，合浦还来世所无。一百载，华夏更重书。

珠，光焕南天海一隅。惊回首，国耻一朝除。（图八七）

耄年读史最惊人，蹜我封疆一百春。望外屏躯八十五，居然重见版图新。

1983年应日本中国文化交流协会邀请，在东京举办"启功书作展"，

我与师大

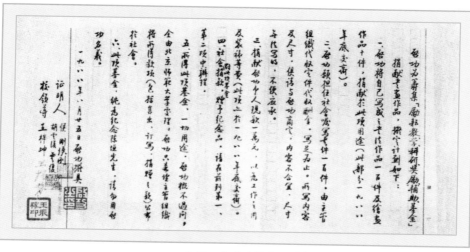

八五　启功为筹集"励耘奖学助学基金"拟定的计划书

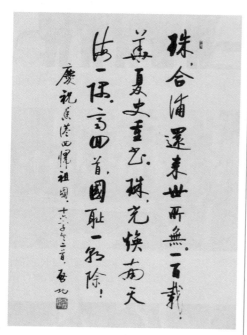

八七　庆祝香港回归祖国
《十六字令》两首

八六　香港义卖展开幕式

日中友好会馆为日中友好会馆建馆十周年的邀请，举办了"启功书法求教展"，并访问了日本三井文库鉴赏书画。（图八八）1994 年为庆祝中韩建交两周年，应韩国

八八　启功在日本参加日中友好会馆举办的"启功书法求教展"开幕式

之后多次应邀到日本讲学、访问或举办展览，如 1987 年与日本书法家宇野雪村联办《启功·宇野雪村巨匠书法展》，1998 年应日本

东方画廊邀请与韩国书法家金膺显联合举办了书法展（图八九）。1995年应韩国总统金泳三邀请参加中国政府代表团到韩国进行访问（图九〇）。还多次到新加坡举办"启功书画展"，并组织中央文史研究馆馆员书画展。1996年赴美国、法国、英国访问，参观了三国国家博物馆收藏的中国书画作品（图九一）。1999年又赴美国纽约大都会博物馆出席"中国艺术精华研讨会"。至于在国内办的个人展览就更多了，如1992年由全国政协等单位主办了"启功书画展"，2001年举办的《启功书画集》出版座谈会（图九二），2002年为庆祝北京师范大学建校一百周年举办的"启功书画展"等（图九三）。

总之这二十多年过得空前的充实，充实得简直应接不暇。这二十多年我住在北师大红六楼宿舍，前来造访的人络绎不绝，常常由早晨六点多就有抢占地形，在门口恭候的，有到晚上九、十点钟还不肯劝退的。有的当然是公务，有的纯属私访，有的事先约定，有的突然袭击。公务当然耽误不得，但私访有时也不好得罪，如果没能腾出时间加以接待，往往遭致来者不满。还有每天大量来信，情况也如此，大多属于："我

是一个书法爱好者"，或"我是一个收藏爱好者"，在恭维了一顿之后就向我索要"墨宝"，还有把自己大卷大卷的作品寄来请我指教，我哪里有那么多的墨宝？而我自知个人的分量，绝不敢让国家给我配专职的秘书，对那些盼望回信的很难一一作答。这里对专程

八九　启功与韩国书法家金膺显举办书法联展

九〇　启功参加中国政府代表团，应韩国总统金泳三邀请访问韩国

九一　启功在美国纽约大都会博物馆鉴赏该馆收藏的中国古代书画

我与师大

来访未能接待及诚意来函未能回复的一并致歉。有时来的人太多我实在支撑不了，就在门上贴张条子："启功因病谢客"。但很快条子被人揭去，又因有朋友把我比成大熊猫，便演义成"大熊猫因病谢客"。其实我从来没有自称过大熊猫，更没有直接把它书写张贴，我知道大熊猫是国宝，我哪里敢以它自比？后来我让学校出面，拟一段声明，说明确实是由于身体不好而不是找借口推脱。但有的来客置若罔闻，敲门声仍不绝于耳。实在应付不了，我就只好落荒而逃，到学校的招待所躲几天，但没过两天，消息灵通者又闻风而动，接踵而至。有时我索性躲到一般人进不去的地方，如国家招待所，甚至是钓鱼台，

但这都不是长久之计。我当时的狼狈劲自己都很难表达，幸好挚友黄苗子先生曾戏作一首《保护稀有活人歌》略加陈述，不妨请整理者过录一下，以再现一下当时的情景，以求博得诸位的谅解，其中称我为"国宝"实在不敢当，但所写情景确实如此：

国子先生醒破晓，不为惜花春起早。只因剥啄扣门声，"免战"牌悬当不了。入门下马气如虹，嘘寒问暖兼鞠躬。纷纷挨个程门立，列队已过三刻钟。先生谦言此地非菜市，不卖黄瓜西红柿。诸公误入"白虎堂"，不如趁早奔菜场。众客纷纷前致辞，愿求墨宝书唐诗。立等可取固所愿，待一二日不为迟。或云夫子文章伯，敝刊渴望刊鸿词。或云小号新门面，

九二　乔石、李瑞环、王兆国、吴阶平出席《启功书画展》出版座谈会

招牌挥写非公谁？或云研究生，考卷待审批，三四十卷先生优为之。或云书画诗词设讲座，启迪后进唯公宜。或云学术会议意义重，请君讨论《红楼梦》。或云区区集邮最热衷，敢乞大名签署首日封。纷咳未已扣门急，社长驾到兼编辑。一言清样需审阅，逾期罚款载合约；一言本社庆祝卅周年，再拜叩首求楹联。……蜂衙鹊市仍未已，先生小命其休矣。早堂钟响惕然惊，未盥未溲未漱齿。渔阳三挝门又开，鉴定书画公车来。国宝月旦岂儿戏，剑及履及溜之哉！……

我也有类似的诗，写这些索要书画的朋友是如何地不留情面，逼得我无处躲藏：

来书意千重，事事如放债。邮票尚索还，俨然高利贷。左臂行将枯，左目近复坏。左颧又跌伤，真成极右派。鄙况不多谈，已至阴阳界。西望八宝山，路短车尤快。拙画久抛荒，拙书弥济癫。如果有轮回，执笔他生再。

但平心而论，我是愿意抓住难得的历史机遇为我能尽力的事业贡献一切力量的。

这是难得的春天，虽然它来得有些迟。

九三　庆祝北京师范大学建校一百周年暨启功书画展开幕式

第五章　学艺回顾

亭亭籀目矮推篁石裏

瀟湘柔綠濃水竹東无心

古來只令人怜两南翁

壬申仲夏陛净翁啟功

一、书画创作

很多人认识我是从书法开始的，在回顾学术及艺术历程时，我就从这里说起吧。

如前所述，我小时是立志做一个画家的，因此从小我用功最勤的是绘画事业。在受到祖父的启蒙后，我从十几岁开始，正式走上学画的路程，先后正式拜贾羲民先生、吴镜汀先生学画，并得到溥心畬先生、张大千先生、溥雪斋先生、齐白石先生的指点与熏陶，可以说得到当时最出名画家的真传。到二十岁前后，我的画在当时已小有名气了，在家庭困难时，可以卖几幅小作品赚点钱，贴补一下。到辅仁期间，我又做过一段美术系助教，绘画更成为我的专业，虽然后来我转到大学国文的教学工作，但一直没放弃绘画创作和绘画研究，那时也没有所谓的专业思想一说，谁也不会说我画画是不务正业。抗日战争后几年，我还受韩寿宣先生之约到北京大学兼任过美术史教学，当时他在北大开设了博物馆学系。当陈老校长鼓励我多写论文时，问我对什么题目最感兴趣，我说，我虽然在文学上下过很多功夫，而真正的兴趣还是艺术，陈校长对此大加鼓励，所以

我的前几篇论文都是对书画问题的考证。到了解放前后，我的绘画水平达到最高峰，在几次画展中都有作品参展，而且博得好评（图九四～九七）。如解放前参展的临沈士充的《桃源图》，曾被认为比吴镜汀老师亲自指导的师兄所临的还要好，为此还引起小小的风波。又如解放后，在由文化部主办的北海公园漪澜堂画展上，我一次有四张作品参展，都受到好评，后来这些作品经过劫波都辗转海外，有的又被人陆续购回。后来我又协助叶恭绰先生筹办中国画院。这需要做大量的工作，为此陈校长特批我可以一半时间在

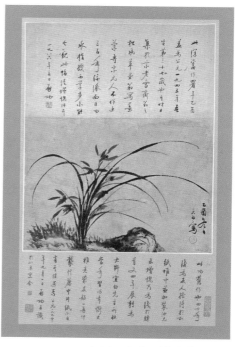

九四　启功画墨兰（1945）

九五　启功早期画的扇面

师大，一半时间在画院工作。如果画院真的筹建起来，也许我会成为那里的专职人员，那就会有我的另一生。可惜的是画院还没成立起来，我和叶先生都成了右派，这无异于当头一棒，对我想成为一个更知名的画家是一个严重的打击，从此以后我的绘画事业停滞了很长时间。一来因在画院为搞我最喜爱的绘画事业而被打成右派，这不能不使我一提到绘画就心灰意冷，甚至害怕，正所谓"一朝被蛇咬，十年怕井绳"；二来在以后的工作中，特别强调专业思想，我既已彻底离开画院，那一半时间也就回到师大，彻底地成为一名古典文学的教师，再

九六　启功画《竹石图》（1948）

九七　启功画《设色云林小景图》

画画就属于专业思想不巩固，不务正业了。这种情况一直继续到"文革"后期，在中华书局点校《二十四史》时，我有时又耐不得寂寞，手痒地忍不住捡起来画几笔，但那严格地说还不是正式的创作，只是兴致所到，随意挥洒而已。"文化大革命"拨乱反正后，思想的禁锢彻底解除了，但新的问题又出现了：这时我的书名远远超过了我的画名，很多年轻人甚至都不知道我原来是学画的出身。那时大量的"书债"已压得我抬不起头、喘不过气来，我找不出时间静下心来画画；即使有时间，我心里也有负担，不敢画：这"书债"都还不过来，再去欠"画债"，我还活不活了？我的很多老朋友都能理解我的苦衷，挚友黄苗子先生曾在一篇"杂说"鄙人的文章中写道："启先生工画，山水兰竹，清逸绝伦，但极少露这一手，因为单是书法一途，已经使他尝尽了世间酸甜苦辣；如果他又是个画家，那还了得？"此知我者也。所以"文革"后我真正用心画的作品并不多，有十余幅是为筹办"励耘奖学金"而画的，还有一幅是为第一个教师节而画的，算是用心之作（图九八、九九）。

看过我近期作品的人常问我这样一个问题："您为什么喜欢画

碌竹？"我就这样回答它："省得别人说我是画'黑画'啊！""黑画"一词，从广义上说可以泛指一切能供上纲批判的画，如反右时的"一枝红杏出墙来"之类的画；狭义的是说"文革"后不久，有些人画了一批画，如猫头鹰睁一只眼、闭一只眼的，被正式冠名为"黑画"。听我这样解释的人无不大笑。其实这里面也牵扯到画理问题。难道画墨竹就真实了吗？谁见过黑得像墨一样的竹子？墨竹也好，碌竹也好，都是画家心中之竹，都是画家借以宣泄胸中之气的艺术形象，都不是严格的写实。这又牵扯到画风。我的画属于传统意义上典型的文人画，并不意在写实，而是表现一种情趣、境界。中国的文人画传统渊源悠久，它主要是要和注重写实的"画匠画"相区别。后来在文人画内又形成客观的"内行画"和"外行画"之分："内行画"更注重画理和艺术效果，"外行画"不注重画理，更偏重表现感受。如我学画时，贾羲民先生就是"外

九八　奉为第一届教师节纪念（局部）

九九　株竹

行画"画派的，而吴镜汀先生是"内行画"画派的，但他们都属于传统的文人画，而文人画都强调要从临摹古人入手，和解放后大力提倡的从写生入手有很大的区别。我是喜欢"文人画"中的"内行画"，所以才特意从贾先生门下又转投吴先生门下。我也是从临摹入手，然后再加入自己的艺术想象和艺术构思，追求的是一种理想境界，而不是一丘一壑的真实。我在《谈诗书画的关系》一文中，曾提出这样的观点：

（元人）无论所画是山林丘壑还是枯木竹石，他们最先的前提，不是物象是否得真，而是点画是否舒适，换句话说，即是志在笔墨，而不是志在物象。物象几乎要成为舒适笔墨的载体，而这种舒适笔墨下的物象，又与他们的诗情相结合，成为一种新的东西。倪瓒那段有名的题语说他画竹只是写胸中逸气，任凭观者看成是麻是芦，他全不管，这并非信口胡说，而确实代表了当时不仅只倪氏自己的一种创作思想。

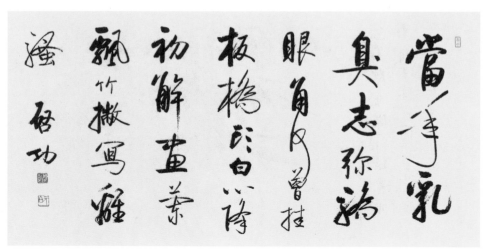

一〇〇 仿郑板桥兰竹自题

就我个人的绘画风格来说，是属于文人画中比较规矩的那一类，这一点和我的字有相通之处，很多人讥为"馆阁体"。但我既然把绘画当成一种抒情的载体，所以我对那种充满感情色彩的绘画和画家都非常喜欢，比如我在《谈诗书画的关系》一文中又说：

到了八大山人又进了一步，画的物象，不但是"在似与不似之间"，几乎可以说他简直是要以不似为主了。鹿啊，猫啊，翻着白眼，以至鱼鸟也翻白眼。哪里是所画的动物翻白眼，可以说那些动物都是画家自己的化身，在那里向世界翻白眼。

我又在《仿郑板桥兰竹自题》中写道：

当年乳臭志弥骄。眼角何曾挂板桥。头白心降初解画，兰飘竹撇写离骚（图一〇〇）。

这首诗不但写出了我对绘画情感的理解，也在一定程度上概括了我的绘画生涯：我从小受过良好全面的绘画技法的训练，掌握了很不错的绘画技巧，但对绘画的艺术内涵和情感世界直到晚年才有了深刻的理解，可惜我又没更多的时间和精力去从事我所喜欢的这项事业了，只能偶尔画些碎竹以写胸中的"离骚"了。

我从小想当个画家，并没想当书法家，但后来的结果却是书名远远超过画名，这可谓历史的误会和阴差阳错的机运造成的。

了解我的人常津津乐道我学习书法的机缘：在十七八岁的时候，我的一个表舅让我给他画一张画，并说要把它裱好挂在屋中，这让我挺自豪，但他临了嘱咐道：

"你光画就行了，不要题款，请你老师题。"这话背后的意思再明显不过了，他看中了我的画，但嫌我的字不好。这大大刺激了我学习书法的念头，从此决心刻苦练字。这事确实有，但它只是我日后成为书法家的机缘之一，我的书法缘还有很多。

我从小就受过良好的书法训练，我的祖父写得一手好欧体字，他把所临的欧阳询的九成宫帖作我描模子的字样，并认真地为我圈改，所以打下了很好的书法基础，只不过那时还处于启蒙状态，稚嫩得很，更没有明确地想当一个书法家的念头。但我对书法有着与生俱来的喜爱，也像一般的书香门第的孩子一样，把它当成一门功课，不断地学习，不断地阅帖和临帖。所幸家中有不少碑帖，可用来观摩。记得在我十岁那年的夏天，我一个人蹲在屋里翻看祖父从琉璃厂买来的各种石印碑帖，当看到颜真卿的《多宝塔》时，好像突然从它的点画波磔中领悟到他用笔时的起止使转，不由得叫道："原来如此！"当时我祖父正坐在院子里乘凉，听到我一个人在屋子里大声地自言自语，不由得大笑，回应了一句："这孩子居然知道了究竟是怎么回事！"好像屋里屋外的人忽然心灵相应了一样。其实，我当时突然领悟的原来如此的"如此"究竟是什么，我也说不清，这"如此"是否就是颜真卿用笔时真的"如此"，我更难以断言；而我祖父在院子里高兴地大笑，赞赏我居然知道了究竟，他的大笑，他的赞赏究竟又是为什么，究竟是否就是我当时的所想，我也不知道，这纯粹属于"我观鱼，人观我"的问题，但那时真所谓"心有灵犀一点通"了，就好像修禅的人突然"顿悟"，又得到师傅的认可一般，自己悟到了什么，师傅的认可又是什么，都是"难以言传，惟有心证"一样。到那年的七月初七，我的祖父就病故了，所以这件事我记得特别清楚。通过这次"开悟"，我在临帖时仿佛找到了感觉，临帖的水平也有了很大的提高。

到了十七八岁的时候就出现了上一段所说的事，这件事对我的影响不再是简单地好好练字了，而是促进我决心成为书法的名家。到了二十岁时，我的草书也有了一些功底，有人在观摩切磋时说："启功的草书到底好在哪里？"这时冯公度先生的一句话使我终身受益："这是认识草书的人写的草书。"这话看起来好似一般，但我觉得受到很大的鼓励和重要的指正。我不见得能把所有的草书认

一〇一　青山绿水书法成扇（1940）（正面）

一〇二　青山绿水书法成扇（背面）

学艺回顾

全，但从此我明白要规规矩矩地写草书才行，绝不能假借草书就随便胡来，这也成为指导我一生书法创作的原则。二十多岁后，我又得到了一部赵孟頫的《胆巴碑》，非常地喜爱，花了很长的时间临摹它，学习它，书法水平又有了一些进步，别人看来，都说我写得有点像专门学赵孟頫的英和（煦斋）的味道，有时也敢于在画上题字了，但不用说我的那位表舅了，就是自己看起来仍觉得有些板滞。后来我看董其昌书画俱佳，尤其是画上的题款写得生动流走，潇洒飘逸，又专心学过一段董其昌的字，但我发现我的题跋虽得了些"行气"，但缺乏骨力，于是我又从友人那里借来一部宋拓本的《九成宫》，并把它用蜡纸钩拓下来，古人称之为"响拓"，然后根据它来临摹影写，虽然难免有些拘滞，但使我的字在结构的谨严方正上有不少的进步。又临柳公权《玄秘塔》若干通，适当地吸取其体势上劲媚相结合的特点。以上各家的互补，便构成了我初期作品的基础。后来我又杂临过历代各种名家的墨迹碑帖，其中以学习智永的《千字文》最为用力，不知临摹过多少遍，每遍都有新的体会和进步。随着出土文物、古代字画的不断发现和传

世，我们有幸能更多地见到古人的真品墨迹，这对我学习书法有很大的帮助。我不否认碑拓的作用，它终究能保留原作的基本面貌，特别是好的碑刻也能达到传神的水平，但看古人的真品墨迹更能使我们看清它结字的来龙去脉和运笔的点画使转。而现代化的技术使只有个别人才能见到的秘品，都公之于众，这对学习者是莫大的方便，应该说我们现在学习书法比古人有更多的便利条

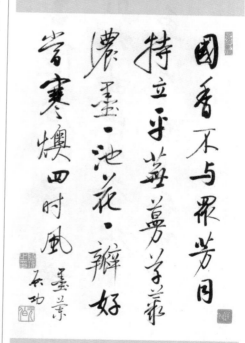

一〇三　启功书自作诗（1984）

自卜隍南盦隱居的星玉女
對擺出門前九曲崑崙水手
聖桃去尺半魚 戊子秋日 啟功

此吳蓬萍句王涵洋極矣我為多逸失手作一句朗誦之數戊子秋日亦予涵園三又次益筆

晚弱於陵又淺依传市悌謂為好所在命多趣話弥悅作中而予秋日啟功

一〇四　启功书清人诗（1948）

件，有更宽的眼界。就拿智永的
《千字文》来说，原来号称智永石
刻本共有四种，但有的摹刻不精，
累拓更加失真，有的虽与墨迹本
体态笔意都相吻合，但残失缺损
严重，且终究是摹刻而不是真迹；
而自从在日本发现智永的真迹后，
这些遗憾都可以弥补了。这本墨
迹见于日本《东大寺献物账》，原
账记载附会为王羲之所书，后内
滕虎次郎定为智永所书，但又不
敢说是真迹，而说是唐摹，但又
承认其点画并非廓填，只能说："摹
法已兼临写。"但据我与上述所说
的四种版本相考证，再看它的笔
锋墨彩，纤毫可见，可以毫无疑
问地肯定是智永手迹，当是他为
浙东诸寺所书写的八百本《千字
文》之一，后被日本使者带到日
本的。现在这本真迹已用高科技
影印成书，人人可以得到，我就
是按照这个来临摹的。在临习各
家的基础上，经过不断地融会贯
通和独自创造，我最终形成了自
己的一家之风，我不在乎别人称
我什么"馆阁体"，也不惜自谑为
"大字报体"，反正这就是启功的
书法。当然我的书法在初期、中
期和晚期也有一定的变化，但这
都不是刻意为之，而是自然发展
的（图一〇一～一〇七）。

和我学画时正式拜过很多名

一○五 启功飞行旅途口占
（1986）

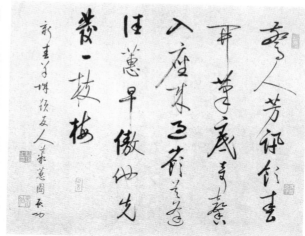

一○六 启功书自作诗（1989）

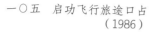

一○七 启功书五言诗（1988）

师不同，我在学书法时，主要靠自己的努力，能称得上以老师的名义向他请教的并不多，近现代书法大师沈尹默（字秋明）算一个（图一○八）。他也是老辅仁的人，所以有很多交往的机会。他曾为我手书"执笔五字法"，并当面为我讲解、示范，还对我奖掖

有加，夸奖过我的书法，这对我是莫大的鼓励。多少年后，新加坡友人曾得到沈尹默先生所书的一卷欧阳永叔（修）文，请我题跋，我还不由得以满腔的深情回忆道：

八法一瓣香，首向秋明翁。昔日承面命，每至烛跋空。忆初叩函丈，健毫出箧中。指画提按法，

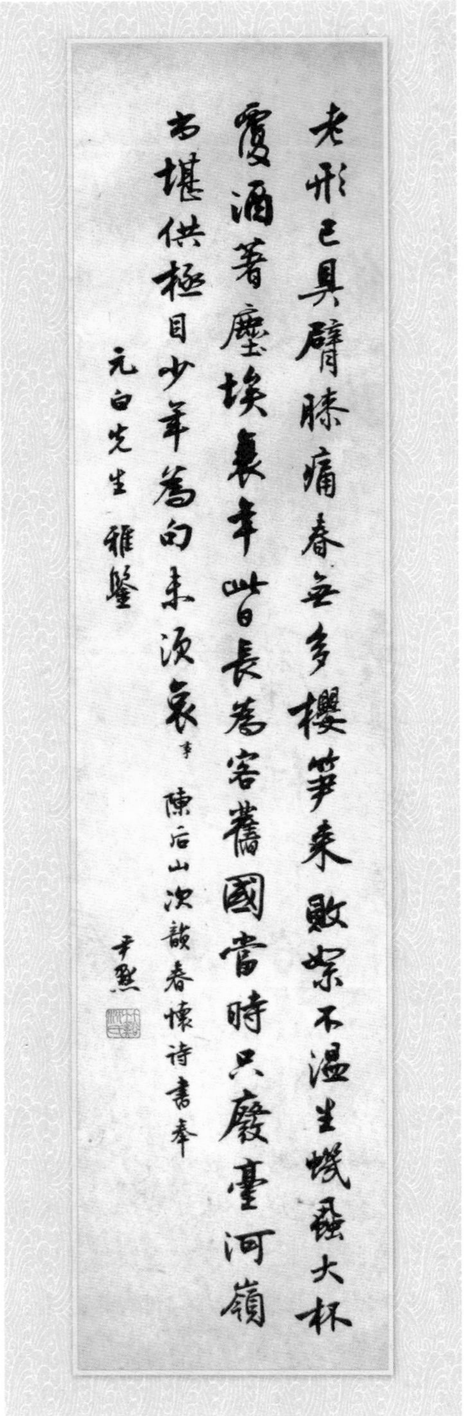

老形已具臂膝痛，春无多，樱笋来。败絮不温生蟣虱，大杯覆酒著尘埃。裹耄曾长笺窘篝，国当时只废台河岭。书堪供极目，少年为的未须豪。

元白先生雅鉴
陈后山决赜春懐诗书奉
尹默

一〇八　沈尹默墨迹

谆如课童蒙。信手拾片纸，追蹑山阴踪，戏题令元白（启功字元白），纠我所未工。至今秘衣带，不使萧翼逢。……

还有张伯英先生，我曾多次登门求教，看他写字，听他讲授碑帖知识，获益匪浅。老先生对书法事业的热情以及对后辈诲人不倦的关切令我感动。其他的前辈对我也有所指点，像前边所说的冯公度对我草书的评价。还有一位寿玺先生，号石公，书画篆刻都很好。此人非常有意思，他管人都叫"兔"，他从来不说"这个人"、"那个人"，而说"这个兔"、"那个兔"，比如他夸奖某人的扇面画得好就说："这兔画得还不错。"日久天长大家都反过来叫他"寿兔"。我曾恭敬地向他请教，称他为"寿先生"，他生气地对我说你不该对我这么谦恭，把我臭骂一顿，骂得我还挺舒服。通过我的经历，我觉得练习书法最重要的还要靠自己长期刻苦的努力。

有人总喜欢问我学习书法有什么经验或窍门（图一〇九）。我首先可以奉告的是要破除迷信。自古以来书法已成为"显学"，产生了很多"理论"，再被一些所谓的书法家、书法理论家一炒，好些谬论也都成了唬人的金科玉律，学习者千万不能被他们唬住。比如握笔，其实这是一个很简单的问题，虽然有一定的方法，但绝没有那么多神秘的讲究，有人现在还提倡"三指握管法"，称这是古法。不错，这确实是古法，而且古到当初席地而坐的时代，那时没有高桌，书写时，左手执卷，右手执笔，三指握管（犹如今日握钢笔）的姿势，正好和有一定倾斜的左手之卷成九十度，非常便于书写。而有了高桌之后，人们把纸铺在水平的桌上，这时再用三指握管法就不能和纸面成垂直状态，不便于软笔笔锋的运用。那些人不明白这基本的道理，还在提倡"三指握管法"为"高古"，并想当然地说"三指握管法"是

拇指在内，食指、中指在外的握笔姿势。更有甚者，还有提倡所谓"龙睛法"、"凤眼法"的，说三指握笔后虎口成圆形的为"龙睛法"，成扁形的为"凤眼法"。还有人在如此执笔的同时，尽力地回腕，把手往怀里收，可惜不知这叫什么方法，权且叫它"猪蹄法"吧。最可笑的是包世臣《艺舟双楫》记载的刘墉写字的情况：他为了在外人面前表示自己有古法，故意耍起"龙睛法"，还要不断地转动笔管，以致把笔头都转掉了，这不是唬人是什么？难怪刘墉的字看上去那么拘谨。人人都知道这样一个故事：王羲之在看儿子写字的时候，在后面突然

一〇九　启功给青年讲书法

抽他的笔，但没抽下来，不禁大加称赞。于是有人又借此编织神话，提出所谓要"握碎此管"和"指实掌虚"之说——指要握得实，而且握得有力，有力到恨不得把笔管握碎才好，而手掌要虚，虚到能放下一个鸡蛋才好，这不是唬人么？对此苏东坡有一段精彩的评论：

> 献之少时学书，逸少（王羲之）从后取其笔而不可，知其长大必能名世。仆以为不然。知书不在笔牢，浩然听笔之所之而不失法度，乃为得之。然逸少重其不可取者，独以其小儿子用意精至，猝然掩之，而意未始不在笔。不然，则是天下有力者莫不能书。

苏轼不愧是具有独立思考能力的聪明人，我们要向他学习这种勇于破除迷信的精神。一个握笔有什么可神秘的，在我看来就像握筷子一样，怎么方便，怎么舒服，怎么便于使用，就怎么来好了。

至于悬腕、运笔、选帖、择笔等也有很多类似的现象。如有人说不但要"悬腕"，还要"平腕"，练习的时候要在手腕上放一碗水，让它不洒才行，请问这是写字还是耍杂技？运笔讲究提顿回转，这本不错，但有人硬说写一横要按八卦的位置走，"始艮终乾"（艮和乾都指八卦的位置），请问这是写字还是排八卦阵？还

有人说只有练好篆书才能练隶书，练好隶书才能练楷书，练好楷书才能练行书、草书，这貌似有理，但怎么才叫练好？难道学画蝴蝶必须先从画蛹开始吗？这是写字还是子孙传代？有的人字还没练得怎么样呢，就先讲究笔的好坏，有些人还把不同质地的笔的功能差异说得神乎其神，还以用稀奇古怪的质地为尚，其实善书者不择笔，我八九十年代最喜欢用的是衡水地区产的七分钱一支的笔，一下就买了二百支。凡此种种都需要我们先破除迷信才行。

至于具体的方法我也可以提供一些参考。如碑帖并重，尤要重视临帖。碑拓须经过书丹（把字形描到石头上）、雕刻、毡拓等几道工序才能完成，每道工序都要有一次失真，再加上碑石不断风化磨损，所以笔画还会有一些变形，拓出后有的出现断笔，有的出现麻刺。可笑的是有人在临帖时还故意模仿，美其名曰"金石气"。我小时看到兄弟二人面对面地临帖，每写到碑上出现拓残的断笔时，哥俩就互相提醒，嘴里还念念有词："断，断"，那时还觉得挺神秘，现在想起来真可笑，不妨称他们为"断骨体"。还有人故意学那麻刺，我戏称他们为"海参体"。有些魏碑的笔画成外方内

学艺回顾

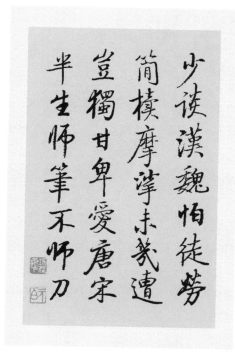

一一〇 启功论书绝句"半生师笔不师刀"

圆的形状，临摹者刻意模仿，写出的字都像过去常使用的一种烟灰缸，我戏称它为"烟灰缸体"，殊不知这种笔道是无奈的刀刻的结果。当然碑的功劳不可灭，好的碑拓基本能保留原作的风貌，虽然笔墨的干湿、枯润、浓淡以及细微的连缀难以传真地再现，但结字的间架还是可以表现出来的，多临摹还是有好处的，更重要的是我们要善于"通过刀锋看笔锋"，想象其墨迹的神态。而临帖则不同了，帖保留了原作墨迹的实际状况，更何况现在高科技十分发达，可以毫不失真地把它们复制下来，供我们随意使用，为我们"师笔不师刀"创造了更便利的条件（图一一〇）。

再如用笔与结字并重。赵孟𫖯曾有名言"书法以运笔为上，而结字亦须用功"，这似乎已成为书法界的共识。但我以为不然：书法当以结字为先，尤其是在初期阶段。而运笔与结字的关系又可以通过临摹碑帖得到统一，即运笔要看墨迹，结字可观碑志。再如"不师今人师古人"。效法今人也许便于立竿见影，但也容易拾人牙慧，从人乞讨，误入邯郸学步的歧途。而古人的作品，特别是那些经过时代考验的作品，却是今人学习的永恒基础，可以保证我们有正确的审美观念而不至于走火入魔。当然师古人的时候也要有所选择，别以断骨体、海参体、烟灰缸体为尚就是了。

二、书画鉴定

　　我平生用力最勤、功效最显的事业之一是书画鉴定。我从小随诸多名师学画，又发奋于书法艺术。而我的绘画老师都是文人，教授的方法主要是观赏临摹，我学书法的主要途径也是大量临摹古人的碑帖，这为我的书画鉴定积累了大量的实践经验。正如我在《启功丛稿》前言中所说的那样："曾学书学画，以至卖所书所画，遂渐能识古今书画之真伪。"而我一生所从事的工作始终不离中国的古典文化，这又为我的书画鉴定奠定了更深厚的根基。现在有些人擅长考辨材料之学，但自己不会写，不会画；有些人会写会画，但又缺少学问根底，做起鉴定家就显得缺一条腿，幸好我有两条腿，这是我的优势。

　　我的鉴定生涯一直与故宫有缘，从十几岁开始，我就随贾老师在这里观摩古代名画，如五代董源的《龙宿郊民图》、赵干的《江行初雪图》、巨然的《秋山问道图》、荆浩的《匡庐图》、关仝的《秋山晚翠图》、北宋范中立的《溪山行旅图》、郭熙的《早春图》、南宋李唐的《万壑松风图》、元代赵孟頫的《鹊华秋色图》、高克恭的《云横秀岭图》、黄公望的《富春山居图》等，这些画的每一个细节都深深地刻在我的脑海中。真正从事鉴定工作是在抗战胜利后，故宫博物院又恢复整理鉴定工作，成立了文献馆和古物馆。当时沈兼士先生任文献馆馆长（图一一一）。他很有事业心，想重振

一一一　沈兼士先生

文献事业，让故宫的这些老档（文献馆后来改名为档案馆）在文物研究中发挥出重要作用。他聘请了一批学者，聘我任专门委员，具体做两项工作：在文献馆阅读整理档案材料，在古物馆鉴定书画。每月有六十元的车马费。刚进档案馆的时候，原来的老人有些看不起我，经常拿已整理发表过的稿子让我看，但我也不是好蒙的，

遇到这些稿子，我一下就能指出："这不是已经在某处发表过的稿子吗？"可他们总拿这类稿子试探我，我急了，去找沈兼士先生诉苦，沈先生大怒，他本来就不满这些老人所看的稿子，才把我叫去，于是好一顿斥责，他们再也不敢了。

在工作中，我不但比以前更大饱眼福，而且听到很多前辈、专家、学者的议论，大大开拓了自己的见闻。记得第一次收购鉴定会是在故宫博物院院长马衡家中召开的，那次并没得到什么好的文物，倒是有一件假冒祝允明草书的《离骚》卷假得实在没谱，第一个"离"字写得像"鸡"，马先生大声念"鸡骚"，大家都哄笑起来，也就卷起不再看了。那次张大千也出席了。我上次和他相见是十年前在溥心畲家，那时他专心画画，并未与我多谈，但他还记得我，并和我讨论起书画鉴定，发表了很多深刻而新鲜的见解，使我至今难忘。第二次收购鉴定会是在故宫绛雪轩举行的。那里供奉着赵公元帅，门外有诸葛拜斗石，旗杆上裹着貒子皮，旗杆是由好几根木头接成的，后来向南弯曲了，大家就管它叫"望江南"。这次得到几件好作品。一个是唐人所写的《王仁昫刊谬补缺切韵》

一卷，是由溥仪带到东北，后散失到民间，再收购回来的。不但首尾完整，内容难得，而且装订是"旋风叶"的形式，即把内容都写在单叶纸上，然后把它们一张一张紧挨着贴在一张大幅长纸上，这在古籍的装订上也是孤例，所以会前唐兰先生到处游说我们务必要把它留下，后来果然如愿，唐先生还把模糊的字补齐。我现在还保留着它的影印件，后来中华书局把它影印出来，但效果太差。听说台湾也有一本"旋风叶"，传说是吴彩鸾所书，我只见过照片，至于内容和这本相同还是相似就不得而知了。还有一幅夏昶的墨竹卷，也是由东北收购回来的。参加鉴定会的胡适先生请徐悲鸿先生鉴定它的真假，不料徐悲鸿所答非所问地说："像这样的作品，我们艺专的许多教师都能画得出。"不知他是不屑于鉴定这张画，还是为鉴定不了找托词，总之这张画到现在也不知到底算是艺专的哪位教师所画。

在文献馆还发现很多看似价值不大，但很有趣的线索。如有一张傅恒傅四中堂的太太写给乾隆皇帝的请安帖子，等于是大舅子的媳妇写给他的"小条"，这很不合礼制，说明他们之间有暧昧关系。再联系傅四中堂的第三子康

学艺回顾

安（后改成福康安）为乾隆和傅四太太私生子的传说，以及福康安一直得到格外的重用，委派参与收复台湾，使他立有战功，想参谁就参谁，如谗害柴大纪，最后居然能封到一般非嫡宗所不能封到的郡王等事实来看，这种怀疑绝不是空穴来风。当有人给我看这张字条时，我只能马虎过去说"这很平常"，其实心里还有点"家丑不可外扬也"的意思。不知这些东西是否还留在档案馆。

解放后我继续留任故宫专门委员，国家又成立了文物局，由郑振铎先生出任局长，王冶秋、王书庄先生任副局长。后来又由上海请来张珩先生任文物处的副处长，谢稚柳、徐邦达、朱家济先生任鉴定专家，力量一时大增。那时活动的主要地点在北海公园南门团城的玉佛殿，因为这里供奉着一尊东南亚的玉石佛像。在正堂放一个大案子，有需要看的东西，就放在上面。这时商人手中的古书画已不允许出口，便逐渐地聚到文物局来。我们在团城也举行了多次收购鉴定会，澄清了许多名画的真伪问题。记得曾在这里鉴定过"三希堂"帖，其中的"快雪"帖在台湾，"中秋"、"伯远"在北京。我对着光看，只见"伯远帖"哪笔在前，哪笔在后都看得清清楚楚，当是真迹无疑，

而"中秋帖"当是米元章所临，而台湾的"快雪帖"当是唐人的双钩廓填。又如称为梁楷的《右军书扇图》和倪瓒的《狮子林图》，对照原有的影印本，得知只是旧摹本。

当时为我们提供货源的有一位古董商叫靳伯生，他常到东北买溥仪从故宫带到东北、后又流散的东西。一次他又买回一大批宋元的好货，但他已被公安机关扣下了，文物局方面需要派一个人去登录一下这些字画的内容。张珩、徐邦达等人都和靳伯生有交谊，有时还从他那里买些东西，派他们去不合适。只有我既懂行，又认识靳伯生，而且没钱从他那里买任何的东西。于是大家公推我去完成这项任务。下午去的，公安局派的车，还有一位公安局的干部陪着我，把所有的东西都登录造册，充了公。这里面都是些"大脑袋"——好货，我也乘机大饱了一次眼福。直到晚上才完事，回到团城后，郑振铎、张珩、徐邦达等人还在那里等着我，我又向他们汇报，聊了好一阵子。由于见识眼力的逐渐提高，大家也逐渐肯定了我的鉴定能力，很多场合都提名让我出席。后来唐兰先生当副院长的时候，有人要卖给故宫一册宋人法书，开始大家的意见有些分歧，后来唐兰先

生把我叫去，我提出自己的意见，被大家采纳，唐先生开玩笑地说："公之一言，定则定矣。"这句话是从陆法言《切韵》序中引用魏彦渊所说的"我辈数人，定则定矣"套来的，我于是赶紧补充道："公何以遗漏'我辈数人'四个字耶？"一时成为美谈。

文物鉴定工作在"反右"后和"文化大革命"期间自然也受到很大的冲击。"拨乱反正"后国家非常重视这项事业，1983年成立了全国书画巡回鉴定组（图一一二）。当时有人提议让我任组长，但我考虑为此事谢稚柳先生曾直接给国务院副总理谷牧同志写信，理应由他任组长。成员还有徐邦达、杨仁凯、刘九庵、傅

熹年、谢辰生和我。谢稚柳原是上海博物馆的，后调到北京，当时在上博时有院长沈之瑜，在北京时有张珩，现在这二位都不在了，自然要属他。徐邦达原来也是上海的，现在是故宫的第一"掌眼"。杨仁凯是辽宁博物馆的馆长，对溥仪流失在东北的文物自然很熟悉。刘九庵是"老琉璃厂"，虽没有特别高的学历，但实际经验丰富，特别是对明清小名家的作品见多识广。傅熹年是我推荐的，他是傅增湘老先生的孙子，有深厚的家学渊源，经眼的东西很多，又敢于坚持原则，当时有人说他不够资格，我说他不够资格，我就更不够资格。可以说这个鉴定组集中了全国这一领域的顶尖专

一一二　国家文物局书画鉴定七人小组合影

学艺回顾

家，但顶尖专家组在一起也常会出现意见相左的时候，尤其是文物鉴定，是真就是真，是假就是假，在表态时容不得含混。而对某一件字画的认识，除了那些假得没边的东西，哪那么好就统一呢？此时如都以老大自居，也就难免出现矛盾。我的态度是我发表我的意见，如果有人反对，我也无所谓。而有的人却太容不得不同意见。如他已经认定是真的，再有人说是假的，他就会质问人家："你说是假的，那到底是谁画的？"这就有点不讲理了，这完全是两码事嘛。争到后来有人索性提出辞职。当时规定鉴定组的人每年到全国各地工作三个月，我由于校内还有课，所以总去不满，有时只去一个月，三个星期。一次谢稚柳拍着我的手说："你不要跟我来'九三学社'呀。一年应该来三个月，你怎么只来三个星期呀？"他知道我是"九三学社"的，所以这样和我开玩笑。其实我心里真有这种尽量少去的想法，但我并没提出辞职。后来消息传到谷牧同志那里，他特意请我们吃饭，干杯时特意对大家说："一个都不许走啊！"那位提出辞职的人也不好再坚持了，但也常借故不来。到1986年我被任命为国家文物鉴定委员会的主任委员（图一一三），我所负责的鉴定范围更宽了，不但包括对全国的书画鉴定，也包括对出土文物及古籍的鉴定。如对王安石书《楞严经要旨》、宋代龙舒本《王文公文集》、北宋何子芝造金银字《妙法莲华经》、文天祥墨迹手札、张大千仿《石溪山水图》等都进行

一一三　1986年3月，国家文物鉴定委员会成立大会后，启功与部分专家合影

了鉴定。最近一两年震惊文物界的《出师颂》《淳化阁帖》的收购与鉴定我也都参加了，其中很多活动都是在故宫举行的，可以说我的鉴定生涯始终离不开故宫。自解放前就担任故宫专门委员的，到今天只剩下我一人了，经我眼鉴定的文物大概要以数万计，甚至是十万计，从这点来说，我这一辈可谓前无古人，他们从来没见过这么多的东西，就凭这一点我就应该知足了。

在长期的书画鉴定中，我也积累了一些经验。

首先是看风格习惯。不管字，还是画，都有一定的时代风格及作者本人的习惯特点，字尤其如此。唐人的字，古代就没有，元明人写的怎么看怎么是那个时代的。当然，看风格习惯说起来容易做起来难，它是具体作品背后的、抽象的东西；而给人讲风格习惯更加难，因为它不是纯语言文字能表述的东西，需要对着实物慢慢体会。但有一点是可以肯定的，对风格的鉴赏和习惯的把握必须通过大量的阅读与观摩才能掌握，正所谓见多而识广，博观而约取，"观千剑而后识器"。这一点我有绝对的把握，如前所述，我从少年时代就随贾老师看，听贾老师讲，在以后的专职鉴定生涯中，又见过数以十万计的作品，我见的东西绝对超过任何古人。但风格习惯又不是完全不可描述的，它会通过一定的形象、手法、技巧表现出来，或者说每个作者必定有他特别的习惯，只要有敏锐的眼光眼力，再加上相应的艺术实践和一定的领悟能力就能捕捉到它。这一点我也有得天独厚的条件：吴老师是一个解剖"风格"和解密"习惯"的高手，他能逼真地、惟妙惟肖地分析和模仿很多"大家"和"名家"的手法，不同人的不同形象都是怎样画出来的，他们用笔的枯润、浓淡、深浅、轻重、皴染以及线条的刚柔、构图的习惯他都能表演出来，他这样画几笔，就是这位的特点，那样画几笔，就是那位的特点。可以说他对这些大家和名家的风格习惯不但心领神会，而且能心手相应地表现出来。按照他的指导，我曾临过大量的古画，对他们的风格习惯也有了深入的了解和掌握。同样具有这样本领的还有张效彬先生，他是朱家溍的舅舅，和我的母亲很熟悉，小时常一起玩，所以我们之间的关系很亲密。他能随时指点我某一张画的某个细节都具有什么特点，比如这个人画的树枝、树叶与那个人画的有什么区别，并且

启功口述历史

随时向我灌输这些知识，每见到一张画就给我讲解一番，日积月累，增长了我许多知识。这些知识对鉴定古画太有用处了。

说到多看多学，不能不提到另一群人，这就是民间"专家"，如琉璃厂的一些人品业务俱佳的掌柜、师傅，我从他们身上也受益不少。我小的时候常串古董铺，那些老板虽然不是什么学者，但也有很多行家，有很多实际经验。比如"贞古斋"的老板苏惕甫先生，就是这样的人，而且他的人品特别好。我常到他的铺子去看画，有一回我看到一张，觉得非常好，连连称赞，准备攒钱买下来，但苏老先生却告诉我："这张是假的，屋里那张才是真的。"并大致说了一下原因。这对一个古董商来说，真是不容易。他觉得我"孺子可教"，就告诉我实情，教我一些知识，而绝不像世风日下的那些商人唯利是图。他的店堂里挂着两个大字的牌匾"贞固"，是铁保所书，他的人品可当得这两个字。苏惕甫老先生有两个儿子，一个叫苏庚春，一个叫苏庚新，这两位后来都在博物馆工作，一个在广东博物馆，一个在陕西博物馆。我现在还保留着从他那里花四元钱买来的雍正年间朱琳的一幅画，画的是一只"黑鸟老等"——一只长颈的水鸟，立在水边，正等着啄鱼，算作对他的纪念（图一一四）。

还有一位李孟冬先生。他原是专卖古代碑帖的琉璃厂隶古斋的学徒，后来与人合开了一个"二孟斋"，最后做了宝古斋的总经理。他的知识面很宽，不但懂得碑帖，也懂画会写。古代很多画家常随手一画，在别人看来可能不怎么

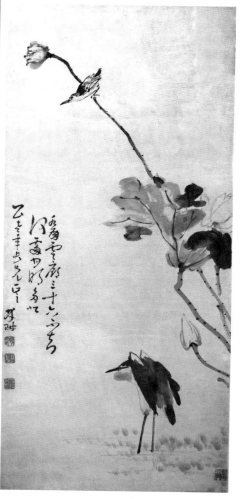

一一四　朱琳画《黑鸟老等》

样，甚至误认为赝品；但懂行的人却能判断真伪，知道它的价值。有一回他从外地用低价买了一幅倪云林的画，画面很潦草，拿到故宫后，徐邦达一看就拍板道："要。"于是卖了个好价钱。他曾临摹过一卷于右任记载他伯母事迹的帖，把原作和临摹放在一起，居然很难辨出真假，这些本领就是一般坐堂卖古碑帖的人所不及的了。我常到他的店里，时间一长就成了知己的好朋友。他店里有些唐人写经，他常边指点边讲解哪块好，哪块不好，有时还送我一些残块。遇到我想要的东西，他常低价卖给我，还经常告诉我哪里有物美价廉的东西。后来他又送给我一套《八大山人法书》拓本，这种帖因为不够古，在市场上值不了多少钱，那些以越贵越好为标准的达官贵人对这种帖不屑一顾，但对想学书法的人却很有用，他知道我属于这种人，而不是只为猎奇，所以就白送给我，而一些珍贵的碑帖不能白送，就送给我拓片。这就不是买卖人的交情，而是文人的交情了，我至今还保留着这本帖，帖上他题签的手迹还完好如初，最近黄苗子先生把这本帖交河北教育出版社出版，也算对他永久的纪念吧。

这种事情在旧书店也会遇到，那时我攒几块钱就要到旧书店去淘换几本书，有时我到琉璃厂去卖自己的画，拿了钱，也常直接到对面的旧书店就地买书。有时我挑好了一部书，老板或伙计就告诉我："这是八卷本的，不全，那边还有十卷的，是某某版的足本，价钱也不贵，你为什么不买那套呢？"这种诚实中肯的态度真令人感动。隆福寺的孙仲连就是这种人，他虽是卖书的，但把我们这些买书的当成小弟弟、小学生那样热情地对待，帮我们挑书。我现在的这些版本学、目录学知识很多都是那时积累的。总之要想搞好鉴定工作，必须善于向一切懂行的人学习。

其次是看纸墨。这是古字画之所以成为古字画的先决条件，或曰硬件条件。高科技的引入在这一领域尤为急迫，比如电脑的笔画复制和识别，化学元素的检验和鉴定等，都应是过硬的第一手材料。在还不能达到之前，经验和眼力也是必须的。如某些古帖到底是双钩廓填还是真迹，是可以在强光下通过细心观察看出来的，前边说的《伯远帖》就是例证。又如去年炒得沸沸扬扬的《出师颂》，有人说是晋朝索靖所书，帖前有落款宋高宗所题的"晋墨"二字及花押（图一一五），而题写

学艺回顾

一一五　隋人书《出师颂》

此二字的纸上有龙形图案，据傅熹年先生说，仅凭这些图案就可断定此"晋墨"二字为后人伪托，因为龙上的须发都是方形向上的，称为"立发龙"，而这种画法是明朝以后才有的。明朝以后的纸怎么会有宋人的题字？这不一目了然了吗？更何况花押的签署与宋高宗写给岳飞的手札上的花押也不同。

三是看旁证。也就是对这张画提供的相关线索和资料进行考证。这就需要有广博的历史知识和文化素养，更不是一般人所能达到的。我在这方面也受到过良好的训练，打下了深厚的基础。别人不说，陈校长就教过我许多这方面的知识和经验。如他曾见过一张吴墨井（名历，又号渔山）的画，吴墨井是江苏常熟人，因当地有一口著名的井，水色如墨，所以起了这样一个雅号。这幅画上有"某年某月写于桃溪"的落款，陈

校长讲给我说："这肯定是假的，因为我作过《吴渔山年谱》，根据可靠的第一手材料，证明这一年他正在澳门圣保禄教堂（其遗址即今之"大三巴"）的二楼学习天主教，后当上了司铎（神甫），怎么会写于家乡的桃溪呢？"这真可谓铁案如山，无可辩驳！我在这方面也有一些例证：

如我对"旧题张旭草书古诗帖"的考辨（图一一六）：这幅帖是写在五色笺上的狂草，本来写的是庾信的五言古诗二首（按：当是《步虚词》二首）和谢灵运的《王子晋赞》二首，赞也是五言古诗。但有人作伪在先，利用"谢灵运王子晋赞"几个字从"王"字以下另起一行的空子，把"王"字的上一横挖去，便成了草书的"书"字，于是前面的两首庾信的诗就变成"谢灵运书"了。宋徽宗在《宣和书谱》中就明确把它

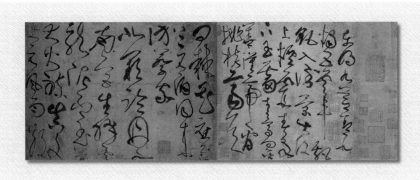

标为谢灵运书，题为《古诗帖》。对此丰坊等人已经有所揭露和批驳，他指出庾信生活的年代比谢灵运晚八十多年，谢灵运怎么能预写庾信诗呢？这当然是铁案如山！但他又根据一些别的理由推测此帖可能是贺知章所书，但他的口气是比较灵活的。而董其昌又妄断于后。他在帖后的跋中，劈头就说这是张旭所书，并瞪着眼睛说瞎话，说自宋以来都认为是谢灵运所书，就连丰坊也这样说。丰坊的跋文历历在目，他就敢这样胡说，而他断定是张旭所书的理由，也仅限于风格像现在已失传的张旭的"烟条"、"宛溪"二帖，并无其他根据，只是补充说"狂草始于伯高（张旭字伯高）"，但始于张旭并不等于就是张旭呀。那么这四首诗帖究竟是谁写的呢？根据庾信的原诗为"北阙临玄水，南宫生绛云"，而书写者却作"北阙临丹水，南宫生绛云"的现象，可以找到线索：按古代排列五行方位和颜色，是东方甲乙木，青色；南方丙丁火，赤色；西方庚辛金，白色；北方壬癸水，黑色；中央戊己土，黄色。原诗中的"玄水"即黑水，和"北阙"的"北"正相应；"绛云"即红云，与"南宫"的"南"正相应。到了宋真宗大中祥符五年，真宗自称梦见他的始祖名"玄朗"，从此命令天下避讳这两个字，凡"玄"改为"元"、"真"，或缺其点划。这里不写"玄"，显然是为了避讳，而若写成"元"或"真"，显然又与五行的方位颜色无关，于是写成"丹"。这虽与传统安排不符，但终究可和"绛"字对仗，所以才发生这种现象。因此本帖的书者当是北宋大中祥符五年之后，《宣和书谱》编订之前。我坚信这个旁证足以成为铁证，了断这桩公案。

又如我对陆机《平复帖》和黄庭坚《诸上座帖》的整理研究，这也是鉴定工作的一项重要内容。《平复帖》九行八十六字，首尾完整，未经割截，但用字、用笔都相当古奥难辨，为它作释文相当困难，不但要把具体的字认准，还要与陆机的生平事迹相合。为此我详细研读了陆机的史传和文集，以及相关的史料，不但释出全文，而且把残损的五个字补出了三个，并对帖中出现的三个人名作了一些考证（图一一七）。《诸上座帖》为狂草，有些字狂到逸出法度之外，所写的内容又是禅僧语录，用词诡异，极其难读，为它作释文不但要熟悉草书，而且要精通禅宗的公案、话头，我能顺利地把它释出也是得力于书法以外的广博知识。

又如《蒙诏帖》，谢稚柳先生从风格上判断，认为这幅帖当是柳公权所书。但我早从张伯英先生那里得知这是赝本，因为它的文辞不通：帖文中有"公权蒙诏，出守翰林，职在闲冷"之句，"翰林"是朝官，怎么能说"出守"？这与宋刻《兰亭续帖》所记不符。后来我在上海博物馆及友人家中陆续看到《兰亭续帖》，得知原文本是"公权年衰才劣，昨蒙恩放出翰林，守以闲冷"，这才讲得通。

由此可知"出守翰林"本的《蒙诏帖》当是后人摘录临摹柳公权的本子。记得在巡回鉴定时，一次与谢先生同乘一辆小车，在座的还有唐云，谈起此帖时我对谢先生说："你看它像柳公权这也许不错，但这次你要听我的，这是铁证如山。"他说："好，我听你的。"但过了几天，他又跟我说："我又看了，觉得还是柳公权的。"

一一七　启功临《平复帖》及释文

我也就只能随他便了。还有去年才收购的号称晋人索靖所书的章草体的史岑的《出师颂》，其实史籍早有记载它不是索靖的作品。米元章在他的"草书六帖"（现在日本大阪美术馆）中曾记载说他从未见过索靖的真迹，并以此为憾，说如见到就能知道他下笔的方法了。米元章的朋友黄伯思的《东观馀论》也曾有两处明确记载唐以后就见不到章草体的墨迹了，所以宋高宗在让米友仁鉴定时，米友仁明确说这是"隋贤"的作品。我在《论书绝句》中早就谈到这个问题："隋贤墨迹史岑文，冒作索靖萧子云。漫说虚名胜实诣，叶公从古不求真。"（图一一八）又在题记中解释道："佚名人章草书

一一八　启功《论书绝句》关于晋书的绝句

史岑《出师颂》。米友仁定为隋贤书。宋代以来丛帖所刻，或题索靖，或题萧子云，皆自此翻出者。……米友仁题曰隋人者，盖为其古于唐法，可谓真鉴。昔人于古画牛必署戴嵩，马必署韩干。世俗评法书，隶必署蔡、钟，章必署索、萧，亦此例也。"这两个例子证明要想对书画鉴定有真知灼见，必须有广博的书画之外的知识学问。特别是《出师颂》，如果拍卖时主持者早就知道相关的知识，怎么会真的把它当成索靖的"晋墨"而把价钱炒得那么高呢？

以上是正面的经验、方法。我还从实践中总结了七条忌讳，或者说社会阻力容易带来的不公正性，即：一、皇威，二、挟贵，三、挟长，四、护短，五、尊贤，六、远害，七、容众。简言之，前三条是出自社会权威的压力，后四条是源于鉴定者的私心。为此我写了《书画鉴定三议》一文。后听谢稚柳先生的一个在美国的学生说谢先生对这篇文章有意见，认为是挖苦他的，我赶紧向他解释：哪条是根据谁说的，哪条又是根据谁说的，这里面包括我尊敬的沈尹默先生和张效彬先生等人，其中很多内容和事情还是你跟我说的，你还记得吗？我的文章如果还有什么错误请你指正。他听

学艺回顾

了以后笑着对我说："他们都说你滑头。"我说："'他们'说我滑头，'你'说我滑头不滑头？"说完彼此一笑也就过去了。我这里总结的七条确实是根据我的经历和经验以及别人跟我讲的事例得出的。不妨举一个例子：就拿我尊敬的张效彬先生来说，他是我的前辈，由于熟识，说话就非常随便。他在当时的鉴定家中是公认的权威，我们都很尊重他。他晚年收藏了一幅清代人的画，正好元代有一个和他同名的画家，有人就在这幅画上加了一段明朝人的跋，说这幅画是元代那个画家的画。我和王士襄先生曾写文章澄清这一问题，张老先生知道后很不高兴。再见到我们的时候用训斥小孩子的口吻半开玩笑地说："你们以后还淘气不淘气了？"我们说："不淘气了。"大家哈哈一笑也就过去了。这虽然是一段可入《世说新语》的雅趣笑谈，但足以说明"挟长"、"挟贵"的现象是存在的。

"挟贵"、"挟长"的要害是迷信权威，而迷信权威也包括对某些著录的迷信。比如端方（午桥）写了一本《壬寅消夏录》，他一直想在书前放一张最古、最有分量的人物像。有一个叫蒯光典（礼倾）的人知道了这个消息，就拿了一张号称尉迟乙僧画的天王像，找上门去，在端方的眼前一晃。端方当然知道著录书上曾记载过尉迟乙僧曾画过这类题材的作品，于是胃口一下被吊了起来，连忙说："今天你拿来的画拿不走了，我这里有的是好东西，你随便挑，要什么我都给你，只要把这张画留下。"这正中蒯光典的下怀，这本是一张假画，他本来就想利用端方并不真正懂行，而著录书上又有相似的记载来骗他的。后来我在美国华盛顿的弗瑞尔博物馆看到这张画，实在不行，它贴在木头板上，上面有很多题跋，但假的居多，只有宋人的一个账单是旧的，记载此画在当时流传过，但并不能说明它就是尉迟乙僧的。于是蒯光典大大方方地挑了一张赵孟𫖯的《双松平远图》手卷，上面本有乾隆的题诗，可能是太监偷出来的原因，题诗已被刮去，他说"我就要这个"，端方当然很舍得。后来这张画又被张珩买走，他当时住在六国饭店，我去看他，他特意拿出这张画让我看，只见被刮去的地方都是小窟窿。后来张珩请高明的裱匠重新装裱，画面平整如初，好像没被刮一样。

关于鉴定的趣事和体会，我写过不少文章，都收在《启功丛稿》中，这里就不再多举了。

寶晉齋

其志弥洽

三、诗词创作

我终生不辍的另一项事业是诗词创作。上世纪80年代后，我陆续出版了《启功韵语》、《启功絮语》、《启功赘语》（图一一九）共七百多首诗，后中华书局把它们合并到《启功丛稿》"诗词卷"，北京师范大学出版社又出版合卷的注释本，定名为《启功韵语集》。

我从小就喜欢古典诗词，当祖父把我抱在膝上教我吟诵东坡诗的时候，那优美和谐、抑扬顿

日后的创作奠定了良好的基础。

我开始进行正式的创作是在参加溥心畬等人举办的聚会上，那时聚会常有分题限韵的创作笔会，我日后出版的《启功韵语集》中开头的几首"社课"的诗就是那时的作品。那时溥心畬是文坛盟主，他喜欢作专学唐音的那路诗，甚至被别人戏称为"空唐诗"，受他的影响我也作这种诗，力求格调圆美，文笔流畅、词汇优雅，甚至令溥心畬都发生"这是你作的吗"的感慨（见第二章）。但这

一一九　启功诗词集

挫的节调就震撼了我幼小的心灵，我觉得它是那么动人、那么富有魅力，学习它绝对是一件有趣的事，而不是苦事。从此我饶有兴致地随我祖父学了好多古典诗词，自己也常找些喜爱的作家作品阅读吟咏，背下了大量的作品，为

种诗并没有更多的个人情志，我之所以这样作，一来是应当时的环境，二来是向他们证明我会这样作。后来我就很少写这样的作品了，三十岁左右写的《止酒》、《年来肥而喜睡》等诗就紧扣自己的生活来写，笔调也逐渐放开，

那种嬉笑诙谐、杂以嘲戏的风格逐渐形成。如《止酒》写自己的醉态：

……席终顾四坐，名姓误谁某。踯躅出门去，团栾堕车右。行路讶来扶，不复辨肩肘。明日一弹冠，始知泥在首。……

而那种传统的调子我也没丢。解放后、反右前我没怎么作诗，大概那时教学和文物鉴定工作都比较忙。反右后我的很多热情都被扼杀了，如绘画，但诗词创作却是例外，大约是"诗穷而后工"的法则起了作用，但我从来没直接写过自己的牢骚，只是写自己的一些生活感受，如《寄寓内弟家十五年矣。今夏多雨，屋壁欲圮，因拈二十八字》：

东墙雨后朝西鼓。我床正靠墙之肚。坦腹多年学右军，如今将作王夷甫。

说自己多年学习书法，而现在发愁的是将要被快倒的墙压死。1971年借调中华书局整理《二十四史》，是我苦中作乐，多事之秋比较闲在的一段，也是我诗词创作较为活跃的一段。那时我身体不好，患有严重的眩晕症，经常天旋地转，甚至晕倒。这一段光歌咏患病的作品就有十五六首之多，再加上那时我已过"知天命"之年，对世事人生都看开了，于是那种

自我调侃、自我解嘲的风格达到了高峰，也许有人对我的这些诗有不同的看法，贬我的人说我油腔滑调，捧我的人说我超脱开朗，这也许都不无道理，但如果把它放在那个时代来看，大概我只能自己开自己的玩笑了。如《鹧鸪天》"就医"：

浮世堪惊老已成，这番医治较关情。一针见血瓶中药，七字成吟枕上声。　屈指算，笑平生。似无如有是虚名。明天阔步还家去，不问前途剩几程。

"文革"后，特别是"拨乱反正"后的80年代、90年代是我诗词创作的高潮，八成的作品都是作于这一时期。内容包括奉答友人、题跋书画、论诗论艺、生活随感、题咏时事、记录旅迹等，可能是与古代所有的诗人一样，我自觉晚年的作品更趋于风格多样和"渐老渐熟"，框框更少，写起来更加随意了。以上是我对创作道路的简单回顾。

总结一生的诗词创作，我有以下一些体会：

首先，我认为作古典诗词就应该充分发挥古典诗词的优点和特色，这首先体现在优美的格律上。我从小喜欢诗词并不是因为它的文字，而是它的韵律，因为那时我对文词的意义并不真正了

学艺回顾

解。韵律包括协韵和平仄，它体现了汉语诗歌的音乐性。从广义上说，中国的诗歌始终是一种音乐文学，而不仅是案头文学，不但最初的诗三百、乐府，以及后来的宋词、元曲都是可唱的，而且很多唐诗也是可唱的，称为"声诗"，而其他的诗也是可以吟诵的。这显然是汉语语音本身的特点决定的。汉语的音节多以元音结尾，舒展悠扬，押韵效果强。而汉语又属于有声调的汉藏语系，本身带有高低起伏、抑扬顿挫的变化，我们必须利用这种特点组合语言，从而达到美诵与美听的效果，否则岂不白白浪费了这个特点？如果把诗篇比成一座美丽的殿堂，那么汉语的语言材料就不仅是一堆砖头，怎么砌都一样；组合好了，它就可以变成优美的浮雕，因为它本身就带有优美的艺术性。我们的先人自古就发现、利用了这一特点和优点，才创造了具有民族特色的中国诗歌。有一种观点认为中国的声律学是起自六朝沈约等人，而他们之所以发现四声的特点又是在翻译佛经时受到梵文的启发。我坚决反对这种观点，说它是崇洋媚外也不过分。只要我们翻翻《诗经》、《楚辞》，以至《史记》，就能找到大量的例证，证明古人早就在诗中，甚至

是散文中注意到语言的声调搭配，只不过到六朝时逐渐找到声调的最佳组合，逐渐形成了规律，产生了更为严格也更为优美的律诗，之后的词曲句式仍然要符合它的基本要求。

我们今天写古诗，特别是律诗和使用律句的词，一定要坚持这些固有的原则，但随着时代的发展，也应作一些技术上的调整。简言之可以概括为"平仄须严守，押韵可放宽"十个字。所谓"平仄须严守"，是因为只有按照平平仄仄这样的音调去排列组合，声音才能好听，才能把汉语的音调特色发挥出来，而不至埋没它的光彩。这里存在这样一个问题：即自《中原音韵》产生后，那时的北方话和现在的普通话已经没有了入声，它们分别派入到平声、上声、去声中。在读古诗时，派入到上声和去声对普通话问题还不大，派入到平声，如果按照格律此处本应读仄声，则必须按古音读，如不会读古入声，哪怕按通例读成和缓的降调也好，因为只有这样才能读出韵律之美。而我们在作律诗时，按规律本应读仄声的地方使用了派入为平声的古入声字，这本不错，读时就按入声处理即可；而该平声的地方，最好不要使用派入平声的古入声，

不得已而用时，最好注明"按今音读"，这样才能保证平仄的严格性。所谓"押韵可放宽"，是因为从《切韵》、《广韵》、《礼部韵略》、"平水韵"直到后来的《中原音韵》、"十三辙"，说明汉语押韵的现象和方法是在不断变化的，大趋势是逐渐由苛细到宽简。古代的《韵书》大多只对当时诗赋科考有制约力，而一般的文人在平时作诗时也不会刻意地遵循它，宋代的杨万里、魏了翁等都有明确的言论提及这种现象。而在科考中也不断出现很难遵守韵书的情况，如清代的高心夔两次科考都因押"十三元"韵出了问题，从而两次以"四等"的成绩而落榜，以致王闿运讥讽他为："平生双四等，该死十三元。"既然押韵是随着时代语音的发展变化而变化的，我们今天作诗当然也可根据现代语音的特点有所变化。原来我还是比较讲究用古韵的，但总不能身上老带一本韵书啊，比如住院，无法检点是否合韵书，只好凭自己的感觉来合辙押韵，起初还以用十三辙或词曲韵之类为借口，后来越发地手滑，索性怎么顺口怎么来。因为"韵"本身就带有平均、和谐、顺溜的意思。比如有人批评南朝和尚支遁喜欢养马为"不韵"，请问和尚养马有什么韵不韵的问题？

就是因为马贵腾骧，僧贵清净，所以显得不协调，因此只要念着顺口，听着顺耳，就是合辙押韵。后来我在《启功絮语》中写了这样四句话作为对这个问题的总结："用韵率通词曲，隶事懒究根源。但求我口顺适，请谅尊听絮烦。"

其次，我认为反映现实、表现生活应有多种形式。就事论事、直抒胸臆是一种方式，寄托、比兴也是一种方式。两种方式因人而异，因事而异，不能说哪种优于哪种。我们北师大有位钟敬文先生，诗作得很好，承蒙他看重，他对我的诗谬赏有加。但我们两人的写法却很不一样，他属于那种纯写实的写法，每首诗的题目都紧扣现实，都是根据当时的某一事件而来的，写起来也多采取直抒胸臆的手法。而我则认为诗不应太直接地叙写时事，不应太就事论事，而要把它化为一种生活感受和思想情绪加以抒发，写的时候应更多地采取寄托、象征的手法，也就是借助写景咏物等手法来委婉含蓄地加以表现。反过来说，寄托象征、委婉含蓄不等于不写实，只是另外的一种写实，这也是中国古典诗歌的传统之一。总之我们应该全面正确地理解表现生活、反映现实，不要把它理解得太机械、太死板、太

学艺回顾

表面化。如我写的《杨柳枝二首》：

绮思馀春水一湾，流将残梦出关山。王孙早惜鹅黄缕，留与今朝荡子攀。

青骢回首忆长杨，玉塞春迟月有霜。一样春风吹客梦，独听羌管过临湟。

这两首诗表面看来和传统的借咏柳而写离别并没什么不同，但它的含义远不这样简单。这首诗作于1944年汪精卫死于日本之后，第一首"流将残梦出关山"指汪精卫最后叛离祖国，"王孙"指清末摄政王载沣，"荡子"指日本人，当年汪精卫刺杀摄政王，未遂被捕，摄政王反而保释了他，才给他留下日后投靠日本人的机会，成了日本人任意摆弄的工具，而汪精卫本人则像是"这人攀了那人攀"的"杨柳枝"。第二首"玉塞春迟月有霜"是说东北沦陷后一直没有明媚的春光，后两句用典：当年金灭北宋，曾扶植刘豫傀儡政权，刘豫失宠后被迫徙于金人指定的临湟，并死在那里，这和汪精卫最后被弄到日本，并死在日本一样。应该说我这首诗的主题完全是写实的，只是和一般的直抒胸臆的写法不同罢了，我更偏爱含蓄、寄托的手法。当然，我也有直接写实的作品，如我一连气作了八首《鹧鸪天》，写"乘

公共交通车"的拥挤状况，不是"身经百战"的人是写不出来这样亲身感受的。

还有，我主张"我手写我口"，或者说得更明白、更准确些是"我手写我心"，即一定要写出真性情，真我。我曾写过这样的诗句："天仙地仙太俗，真人唯我髯苏。"我认为苏轼的诗之所以好主要是因为他写出了真性情。"美成一字三吞吐，不是填词是反刍。"我之所以不喜欢周邦彦的词，是因为他在表情时总是吞吞吐吐，把没味道的东西嚼来嚼去。"清空如话斯如话，不作藏头露尾人。"李清照的词之所以可爱是因为她敢于用明白如话的语言写自己的真情实感，而从不隐藏。"非唯性癖耽佳句，所欲随心有少陵。"杜甫的伟大不仅在于他善于锤炼，"语不惊人死不休"，更在于他的随心所欲，不受任何局限地表现自己的所思所想。"我爱随园心剔透，天真烂漫吓人时。"袁枚的真心没有一丝的矫揉造作，始终保有童贞一般的天真烂漫，仅凭这一点就够惊世骇俗了。"有意作诗谢灵运，无心成咏陶渊明。"谢灵运的诗之所以不好是因为他太做作了，而陶渊明的诗之所以好，恰恰是因为他的无心，而无心才能无芥蒂，无芥蒂才能有真性情。我觉得诗

的最高境界是："佳者出常情，句句适人意。终篇过眼前，不觉纸有字。"——让读者不必在文字上费工夫就能领略作者的情意。总而言之就是要做到诗中有我，让别人一读就知道是"我"的诗。

我觉得我很多诗大抵能达到这一点。如我的《痛心篇》二十首，文辞都很简单明了，但都是我"掏心窝子"的话，我觉得我对老伴的真情根本不需要通过修饰去表达，最家常、最普通、最浅显的话就能也才能表达我最真挚、最独特、最深切的感情，这就是"不觉纸有字"吧。很多读者喜欢它，也是由于读出了其中的真感情。又如我这个人喜欢"开哄"，因此诗中常有些"杂以嘲戏"的成分，正像我自嘲的那样"油入诗中打作腔"，我以能表现自己的这个特点为能事，使人一看就知道这是启功的诗，而不怕别人讥我的诗是"打油诗"。这就是"我手写我口"——把自己的个性表现出来。如我爱拿自己的病和不幸经历来调侃，别人给我写诗是绝对不会这样写的，而和我有同样经历的人，由于性格不同，大概也不会这样写。如调侃我的眩晕症的《转》：

"别肠如车轮，一日一万周。"昌黎有妙喻，恰似老夫头。法轮亦常转，佛法号难求。如何我脑壳，妄与法轮侔。秋波只一转，张生得好述。我眼日日转，不获一睢鸠。日月当中天，倏阅五大洲。自转与公转，纵横一何稠。团栾开笑口，不见颜色愁。转来亿万载，曾未一作呕。车轮转有数，吾头转无休。久病且自勉，安心学地球。

我想，只有像我这样得过眩晕症，又熟读过韩愈诗和《西厢记》，并喜说佛法，且敢于自嘲的人才能写出这样的诗。又如我的《自撰墓志铭》：

中学生，副教授，博不精，专不透。名虽扬，实不够。高不成，低不就。瘫趋左，派曾右。面微圆，皮欠厚。妻已亡，并无后。丧犹新，病照旧。六十六，非不寿。八宝山，渐相凑。计平生，谥曰陋。身与名，一齐臭。

有人称这类诗为"启功体"或"元白体"，起码说明它写出了我的个性，对这个称号我是非常愿意接受的。

最后，我认为应该把继承传统与勇于创新结合起来。现在古典诗词的创作热潮空前高涨。但想写出好作品却不容易，它必须符合两个基本的原则：既要继承，又要创新。就继承说，因为我们要创作的是旧体诗词，所以无论从形式到神韵都必须有古典的味道，否则仅把句式切割成五、七言或

学艺回顾

规定的长短句，然后完全用今人的思维方式、审美情趣和表达方式来写，即使写得再好，恐怕也难称为旧体诗。就创新说，因为是当代人写，所以不但要写出时代气息，而且要在创作风格上体现出新特点、新发展，否则从语言到情调都是旧的，那如何称当代人的作品？与其如此，还不如径直去读古人的作品，因为在这范畴内，我们做不过古人。只有将继承和创新完美地结合在一起，才是当代人写的古典诗词，才有价值。

这里面有很多具体问题。比如词汇和语言的运用，我们既要能熟练地掌握一大批生动精练、仍然富有生命力的古典词汇，古代典故，建立一个丰富的古典语库，使创作出的作品富有古色古香的书卷气；又要巧妙而恰当地使用现代词汇，现代典故，因为我们生活在新时代，不可能完全回避新词汇、新语言，如果在大量的作品中居然看不到任何新语言，那我们真要怀疑这些作品到底有多少新思想、新内容了。当然只有古典典故，一说病就是"文园消渴"，也过于贫乏。所以我的诗里面既有"函丈"、"宫墙"、"绛帐"、

"后堂丝竹"等称老师、教席的古典词汇，也有"此病根源由颈部。透视周全，照遍倾斜度。骨刺增生多少处。颈椎已似梅花鹿"及"真成极右派"这样大量使用现代语词和典故的作品。写到手滑处，甚至出现了"卡拉OK唱新声"，"一堆符号A加B"的句子，这种句子是好是坏，读者可以自加评判，我的意思是说一定敢于使用新语，而且要把使用古典语与使用现代语相结合。还要善于用浅显语写深意境，这比生搬硬套艰涩深奥的语言最后只能表达不知所云的意思要好得多。我有些诗就是追求这种效果，如《古诗二十首》"其九"（图一二〇）：

老翁系图圈，爱猫瘦且癞。七年老翁归，四人势初败。病猫绕膝号，移时气已塞。人性既批倒，猫性竟还在。

当然继承与创新的最主要方面在格调、意境、神韵上，在古色古香的旧体形式上体现出新思想、新情感，也就是说，我们的观点、内容不能被传统题材和传统形式、传统手法所掩盖。比如说感慨时光易逝，人生苦短，这是自古以来的传统题材，一般人作起来很难跳出古人的窠臼，于是我这样写：

造化无凭，人生易晓。请君试看钟和表。每天八万六千馀，不停不退针尖秒。已去难追，未来难找。留他不住跟他跑。百年一样有还无，谁能不自针尖老。

又如古来咏王昭君的诗词数不胜数，怎么能再写出新意？我在《昭君辞二首》的小序中写了这样一段话，可以代表我在这个问题上的观点：

古籍载昭君之事颇可疑，宫女在宫中，呼之即来，何须先观画像？即使数逾三千，列队旅进，卧而阅之，一目足以了然。于既淫且懒之汉元帝，并非难事。而临行忽悔，迁怒画师，自当别有其故。按俚语云"自己文章，他人妻妾"，谓世人最常衿慕者也。昭君临行所以生汉帝之奇慕者，为其已为单于之妇耳。咏昭君者，群推欧阳永叔、王介甫之作。然欧云"耳目所及尚如此，万里安能制夷敌"，此老生常谈也。王云"汉恩自浅胡自深，人生乐在相知心"，此激愤之语也。余所云"初号单于妇，顿成倾国妍"，则探本之意也。论贵诛心，不计人讥我"自己文章"。

不论我的这篇文和两首诗是否能达到"诛心"之论，但力求立论新颖、深刻毕竟是我追求的首要目的。

八仙传说多，谁曾得一遇，遂有艺术家，编为电视剧。演员俱化装，各自持道具。小船遭大风，神仙入海去。

北魏郑道昭，大书鏊石壁。云峰高崔嵬，署字颜充斥。如今名胜区，告示禁题刻。妙计新碑林，飞鸿污留迹。

刘邦有天下，功狗无成生。身死诸吕强，后宫点以清。陈平擅奇计，事过尤可微。代王梦中来，高祖空战征。

夫差出祁山，六窝自全计。后主柳其衰，足见愚与忌。狼顾司马懿，魏文屡相庇。方诩知舜禹，转瞬食其弊。

古人各著书，两以教后代。后人逐其私，言好行则坏。掠财及杀人，二者包无外，亦有虽不氓，动色望之弄。

史载杀人狂，北齐推高洋。历时未千载，复有朱元璋。清人代明政，遗臣蓬先皇。康熙下拜后，洪武仍平常。

老子说大患，患在吾有身。斯亡衰且痛，佛陀徒止欲，孔孟独教仁。苟卿主性恶，坦率岂无因。

老翁絷囹圄，爱猫瘦且癫。十年老翁归，四人劳物欺。病猫绕膝跪，移时气已塞。人性既跳倒，猫性竟远在。

吾爱诸动物，尤爱大耳兔。驯弱仁所钟，伶俐智所赋。猫鼬突然采，性命付之去。善羡两全时，能御能无懼。

吾降至子年，今第七十九。年：甘与苦，何必逐一剖。平生稀大幸，衣食不断有。可耻尚多贪，朝夕两杯酒。

一二〇　启功《古诗二十首》墨迹

四、学术著作

如前所述，我最初所写的几篇学术论文都是在陈校长的直接帮助与过问下完成的，这对我走上学术研究的道路起到了至关重要的作用，特别是他的治学精神和方法，如一定要竭泽而渔地搜集第一手材料的严肃态度，对我一生的学术研究都起到了指导作用。这里我把某些论文和专著的写作背景、情况、心得向大家作一些简要的说明。

50年代我为人民文学出版社出版的程乙本《红楼梦》作过注，这是解放后第一部注释本。由于我对满族的历史文化、风俗掌故比较熟悉，因此被认为是最合适的人选。但我认为程甲本更符合曹雪芹原意，程乙本在程甲本的基础上做了一些改动，把很多原来说得含混的地方都坐实了，自以为得意，殊不知曹雪芹本来就是有意写得含混，所以我又向出版社推荐程甲本，为此我又写过《读红楼梦札记》和《红楼梦注释序》等研究红学的文章，承蒙学术界，特别是红学界的谬赏，这些文章直到现在还经常被人提及并引用。我在这些文章中提到了以下几个主要观点：

在《红楼梦注释序》中，我指出读《红楼梦》特别要注意的几个问题，这也正是注《红楼梦》所要解决的问题，计俗语、服装、器物、官职、诗词、习俗、社会关系、虚实辨别。同时提出一些带有普遍性的问题，如我认为："《红楼梦》里的诗和旧小说中那些'赞'或'有诗为证'的诗都有所不同。同一个题目的几首诗，如海棠诗、菊花诗，宝玉作的表现宝玉的身份、感情，黛玉、宝钗作的，则表现她们每个人的身份、感情，是书中人物自作的，而不是曹雪芹作的诗。换言之，每首诗都是人物形象的组成部分。"这是就如何全面理解人物形象提出的见解。又如："宝玉的婚姻既由王夫人做主，那么宝钗中选，自然是必然的结果。这可以近代史中一事为例：慈禧太后找继承人，在她妹妹家中选择（宝钗之母为王夫人之妹），还延续到下一代。这种关系之强而且固，不是非常明显的吗？另外从前习惯'中表不婚'尤其是姑姑、舅舅的子女不婚。如果姑姑的女儿嫁给舅舅的儿子，叫做'骨肉还家'，更犯大忌……本书的作者赋予书中的情节，又岂能例外！"这就是对《红楼梦》爱情悲剧主题的解释，而且我认为这种解释是最能切中要害的。

在《读红楼梦札记》一文中，具体分析了《红楼梦》中"所写的生活事物，究竟哪些是真实，哪些是虚构"。如对《红楼梦》所写的年代及地点的扑朔迷离进行了具体的考辨；对《红楼梦》官职中既有虚构的，也有真实的，还有半真半假的进行了梳理；对《红楼梦》中的服装描写进行了研究，指出哪些是实写的，哪些是虚写的：大体看来，男子的多虚写，女子的多实写，女子中少女、少妇的更多实写。并结合对辫式、小衣、鞋子以及称呼、请安、行礼的描写分析了当时的风俗。最后对《红楼梦》为什么要"这样费尽苦心来运真实于虚构"进行了分析（图一二一）。

后来我很少再写红学的文章了，这里面有些复杂的原因。一是1957年我母亲和姑姑先后去世，我没有任何积蓄，办后事的钱都是用《红楼梦》注释的稿费，所以一提起《红楼梦》我就老联想起这段伤心的往事。二来我觉得后来的某些红学研究有点不靠谱，仅以70年代中期发现所谓的曹雪芹故居来说，依我看就属子虚乌有，我在给学生讲课时曾开玩笑说："打死

一二一　《红楼梦》书影

我我也不相信。"为此我曾写过一首《南乡子》"友人访'曹雪芹故居'余未克往"：

友人联袂至西郊访"曹雪芹故居"，余因病未克偕往。佳什联翩，余亦愧难继作。

一代大文豪。晚境凄凉不自聊。闻道故居犹可觅，西郊。仿佛门前剩小桥。　访古客相邀。发现诗篇壁上抄。愧我无从参议论，没瞧。"自作新词韵最娇"。

我以为与其费劲炒作这种没意义的发现，还不如好好读读《红楼梦》本身，体会一下书中丰富的内容。

60年代我出版了第一本专著《古代字体论稿》（图一二二）。这是我把多年文字研究和书法研究结合在一起的著作。我认为汉字字体不仅是风格问题，而且直接影响字型结构的变迁，所以要想把汉字的构形历史梳理清楚，不深入考察字体的演变是难以做到的。在这部著作中我提出了几个观点，也澄清了几个问题。我认为字体形成是一个渐变的过程，"一种字体不会是一个朝代突然能创造的"，一种主流字体成熟的时期，往往就是它被另一种字体取代的开端。每种字体都有不同的名称，有的是别名，有的是俗名，有的是泛指、有的是专指，有的是广义，有的是狭义，因此字体中既有同名异实，又有异名

同实的现象。这都是容易被人忽视的地方。造成这种现象的原因主要来自字体的渐变性：一种主流字体发展为另一种主流字体没有绝对的时限，因此它所指的对象也就

来称真书，则是专名，名同实异"。也就是说名为楷书是就风格而言，名为真书是就与其他字体比较的实用地位而言。所以我们必须全面地理解各种字体因不同的时期、不

一二二 《古代字体论稿》书影

不可能完全一致。如隶书，一般人认为蚕头燕尾的才叫隶书，但"秦俗书为隶，汉正体为隶，魏晋以后真书为隶，名同实异"。而唐人管楷书就叫隶书，因为在唐人看来凡是俗体字都叫隶书。所以我们在谈隶书时一定要首先确定它指的是哪个时代所说的隶书。造成这种现象的另一种原因是字体分类的角度、标准不同，如楷书，"对于写的风格规矩整齐的字都称之为楷，是泛用的形容词；用楷书这词

同的分类而产生的不同意义，才能正确地研究书法学及文字学。

60年代我还起草了另一部著作《诗文声律论稿》（图一二三、一二四），但在"文革"期间始终无法出版，直到"文革"后才得以问世。这是我的用力之作，花费了多年的思考与斟酌，直到21世纪初我还在不断地修改，可谓耗费了我大半生的精力。"从前人对于诗、词、曲的声调格式，常是凭硬记的，或把一些作品画出平

仄谱子来看，或找几首标准的作品来读"，总之对平仄变化的必然性缺乏主动的了解。我发明的"竹竿"理论可以弥补这方面的不足。即以五言为例，公认有四种基本句式，即Ａ句式：仄仄平平仄；Ｂ句式：平平仄仄平；Ｃ句式：仄平平仄仄；Ｄ句式：平仄仄平平。如果我们两字一节地把无限循环的平平仄仄排成一个长竹竿："平平仄仄平平仄仄平平仄仄……"，则会发现Ａ句式是由第三字截至第七字而来（第七字至第十一字是它的重复），Ｂ句式是由第一字截至第五字而来（第五字至第九字是它的重复），Ｃ句式是由第四字截至第八字而来（第八字至第十二字是它的重复），Ｄ句式是由第二字截至第六字而来（第六字至第十字是它的重复），也就是说只要挨着排地从这根竹竿上截五个字，只能截

出以上四种句式。再换句话说，如果你记不住五言格律的形式，你就从这竹竿上挨着排地往下截好了，再怎么截也是这四种形式。至于七言，只要在这四种句式前加两个与它相反的音节即可。以上各种句式"除了五言Ｂ句式外，无论五言、七言的首字都可以更换（可平可仄），这是因为句子的发端处限制较宽。只有五言Ｂ句式首字不能更换，是因为它如换用仄声，则下边一字便成为两仄所夹的'孤平'，声调便不好听。七言句是五言句上加两个字而成的，不但七言句本身的首字可以更换，即从五言句首带进来的可换之字，也仍保留着可换的资格"。我这个"竹竿"理论不但适用五言句和七言句，还适合三言、四言、六言等任何句式。以三言为例，律诗虽没有三字句，但特别讲究三字尾，即每句结尾的最后

一二三　《诗文声律论稿》书影

学艺回顾

三个；而在词中常出现三字句，也应合律。从上举"竹竿"截取前三个音节，即平平仄，第二到第四为平仄仄，第三到第五为仄仄平，第四到第六为仄平平（以下又是上述的重复），全都符合律句的要求，就是截不出仄仄仄或平平平的形式，而这恰恰是词中三字句和五言律句、七言律句后三字最忌讳出现的情况。总之这"竹竿说"可谓我的发明，它可以简单、主动区

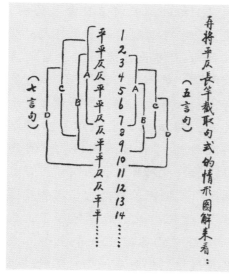

一二四　启功讲平仄的示意图

别出什么句式符合律句，什么句式不符合律句，大大减少了对律句理解的神秘性和记忆、区分律句的复杂性。明白了这一基础，再搞清律诗有首句入韵和不入韵的区别，以及律诗的粘对关系，律诗的基本格律问题就都解决了。我在书中还指出，古体诗以至《诗经》、《楚辞》，

骈文以至散文、史书很多音节的安排也是符合平仄相间的习惯（指第二字和第四字平仄相间，为了形象说明，我把每两个音节比为一个盒子，上一个音节为盒盖，下一个音节为盒底，盒底重要，不可换，盒盖较轻，可换。如以平平仄仄为例，第二字的平和第四字的仄是不可换的，必须平仄相间），这说明律诗不是凭空冒出来的，它是在人们长期使用中逐渐总结出的规律，或者说中国的诗文都很注重声调的运用，只不过律诗最为注重罢了。

1989年我又把80年代写的一些探讨汉语现象的文章集结为《汉语现象论丛》（图一二五），在香港出版，1996年又由中华书局在内地出版。这本书说白了就是针对马建忠的《马氏文通》语法体系而发的。我认为《马氏文通》的grammar（葛郎玛"语法"）体系，以及"以英鉴汉"、"以英套汉"、"以汉补英"等流派对很多汉语现象都难以作出科学的、令人信服的解释，更不能说明种种复杂而灵活的古代汉语现象。如英语没有对偶、没有平仄、没有骈文、没有五七言等诗句，当然无法对这些现象进行规律性的论述与总结，于是许多中国的葛郎玛书也就不把这些作为研究的对象，马建忠甚至说："排偶声律之说等之自郐以

一二五　《汉语现象论丛》书影

下"，这是说不屑研究呢，还是套不上而放弃的遁词呢？汉语不研究排偶、声律等还研究什么呢？又如在汉语中常出现主、谓、宾成分不全的现象，中国的葛郎玛派便常以"省略"来分析它，但省略太多也难以服众。再如汉语的词用法太活，用英语词汇的分类法来套，常出现顾此失彼的现象。"如此等等，不一而足。这决非葛郎玛不好，而是套的方法可议。假如从汉语的现象出发，首先承认汉语自有规律，然后以英语为鉴岂不很好？"但汉语究竟有哪些规律，这也不是我所能定论的，所以我的书才叫"现象"论，我只想通过很多现象来为总结这些规律提供一些材料和借鉴。在分析这些现象的时候我既举一些常见的例子，也尽力找一些别人意想不到的例子，如在讲到汉语词汇"颠倒"现象非常灵活的时候

我以王维的"长河落日圆"为例，这五个字可以颠倒成十个句式，前三种为："河长日落圆"，"圆日落长河"，"长河圆日落"。这三句虽有艺术性高低之分，但语意上并无差别，句法也都通顺。第四种到第九种为："长日落圆河"，"河圆日落长"，"河日落长圆"，"河日长圆落"，"圆河长日落"，"河长日圆落"。这几句就不能算通顺了，但只要给它们各配上一个上句，也就是说把它们放在一个特殊的"语境"中，它们仍可以起死回生。就像从前有人作了一句"柳絮飞来片片红"成了笑柄，但有人给它配上一个"夕阳返照桃花坞"的上句，它也成为妙句一样。比如我们为"长日落圆河"配上"巨潭悬古瀑"的上句，那么它也就可以讲通了。因为"长日"可以作"整天"、"镇日"讲，"古瀑"的"古"字可以

学艺回顾

作"由来已久"讲，"瀑"是落下的水，"潭"是圆的水，所以"古瀑"落在"巨潭"上可以比喻为落在"圆河"中。其他五句也可以配上不同的上句使它通顺，读者如有兴趣可以翻阅我这本书。第十种句式"河圆落长日"实在无法给它找到上句。一句五言诗竟能变成十种句式，而且只有一种不通，汉语的灵活性不是太惊人了吗？对这种灵活的语言怎么能用生搬硬套的葛郎玛去分析呢？

在《汉语现象论丛》中我还收了一篇《说八股》的文章。我想现在能写关于八股文章的人已经不多了。后来张中行和金克木也写了两篇，和我的这篇合订出版。我虽然没赶上科举考试，没正式上考场作八股文，但我的老师陈校长是正经的八股出身，曾在八股文上下过很大功夫，对八股文有很深的研究，自己也写得一手好八股。我曾向陈校长学过写八股，交过两篇作业，陈校长看后说："你怎么只写了六股？"我说："没词了，抻不到八股了。"他又笑着说："不过在小考——童生考秀才时，作六股也可以了。"我想八股文在历史上的地位早有公论了，但从文化史和文章史的角度我们还是应该考察一下：中国的科举制度为什么单单选择它作为科考的项目？从文章学的

角度这里面有什么必然性？在明清以前的文章中它具备了怎样的因子？它又是怎样逐步发展成程式化的八股？这些问题就不是我们简单骂几句八股所能解决的了。后来我又写了一篇《创造性的新诗子弟书》，论述了清朝子弟书的有关情况，这也是一般人所不太了解的东西。王国维先生曾说"一代有一代之文学"，我觉得把子弟书称为清代文学的代表形式也不为过。

说起学术著作的写作，不能不提到一段富有传奇色彩的经历。解放后学术批评往往和政治运动掺和在一起，或者说政治运动往往借学术问题而发端，学术问题最后上纲为政治问题。比如解放后不久，电影《武训传》已开此先例。武训以乞讨为生，把全部所得都用在兴办教育上，这本无可厚非，至多武训本人仍有封建社会的时代局限性而已，但在全国范围内对它变本加厉地进行大批判就不再是对一部电影的评价，而是把它当成政治上的大是大非来对待了。到了60年代，鉴于庐山会议批判彭德怀右倾路线，彭德怀提出要学海瑞罢官后，上边又要搞一次大的政治运动，又需要找一个切入口或突破口。经历过这段历史的人都知道，最后是选择了批吴晗的《海瑞罢官》，以致掀起"文化大革命"。但在最初没

最终确定目标前，曾多次在其他题目上试探过，其中之一就是1965年发动的对王羲之《兰亭序》真伪的辩论上。在一般人看来一个小小的《兰亭序》和政治斗争有什么关系？确实没任何关系，架不住在掌握意识形态大权人的手里它就可以上纲为唯物史观和唯心史观的大是大非的路线问题。这从再后的批《水浒传》就能得到印证。当时掌管意识形态大权的是康生、陈伯达等人，他们还经常拉拢和利用郭老。一次陈伯达得到一本中华书局影印的定武本的《兰亭序》，后有清代李文田的跋。很多清代的碑帖学家都是尊北碑的，他们认为像龙门造像、龙门二十品那样的碑刻才是晋代以后的最高水平和主流风格。而北碑都是方笔，刀刻得一般，于是他们认为那时凡是写得柔软的都是假的，《兰亭序》也不例外。再加上《兰亭序》本有传说，说唐太宗曾派萧翼把此帖赚来，然后陪葬了，更证明其他的都是假的。李文田也持这种观点，他在跋中就以《兰亭序》不是方笔而是柔笔断定它是假的。陈伯达把这样一本《兰亭序》及跋送给郭老，目的很明显，就是让郭老带头从这方面做文章，看是否能钓上大鱼来。郭老接到这样"圣旨"，自然也明白其中的用意，便做起文章。郭老又结合了一些新考证，写了一篇《由王谢墓志的出土论到兰亭序的真伪》，说南京挖出一些王家的墓碑，上面的字也都是方头方脑的，因此以柔美见长的《兰亭序》肯定是假的，不但字是假的，就连文章也是后人篡改的。在这之前我曾写过一篇《兰亭帖考》的文章，认为《兰亭序》是真的（指《兰亭序帖》原作是王羲之的手笔，现流传的都是根据原作摹写的），并详详细细地考证了现在流传的各种兰亭版本，在社会上很有影响。文中自然不可避免地也提及李文田等清人的观点，所以要讨论这个问题就须我重新表态。当时郭老住在什刹海，钱杏邨先生（阿英）住在棉花胡同东口，郭老就让钱杏邨找我谈话。

我记得非常清楚，那天是星期五。钱先生把我叫到他家去，我一进门他就神秘兮兮地把我拉到沙发上，用非常郑重的、真诚的口气对我说："我告诉你，我们这次是推心置腹的同志式的谈心。你这次必须听我的，事关重大。"我看他那神情，听他那口气，也知道事情的严重性，就赶紧问："您这说了半天，到底是什么事？"他才说："你现在必须再写一篇关于《兰亭序》的文章，这回你必须说《兰亭序》是假的，才能过关。"我连忙问："这是为什么啊？"他才把事

学艺回顾

情的背景和郭老托他来找我的前前后后都给我说了一遍，等于是跟我交了底。我听了暗暗叫苦不迭，心想我原来是不同意随便说《兰亭序》是假的，一直坚持现存的定武本和唐摹本都是根据王羲之原作的复制品，这可怎么转弯啊？但形势已经非常明显，这已不是书法史和学术问题了，又把学术问题政治化了，而且是"钦点"要我写文章。从钱先生家回来，我仔细研究了郭老的文章，终于找到一个可以转身腾挪的棱缝。郭老的文章中有一个明显的漏洞：他认为王羲之的《兰亭序》应是方笔的，否则是假的，但王羲之流传下来的作品不仅《兰亭序》一种，如在日本发现的《丧乱帖》，它是唐人根据王羲之真迹勾摹的，也是那种柔美的笔法，这该怎么解释呢？郭老只好说《丧乱帖》和北碑体的"二爨"碑《爨宝子》、《爨龙颜》"有一脉相通之处"。郭老当时这样说也许言不由衷，但这明明是不符合事实的，对碑帖稍有涉猎的人都知道这二者截然不同，毫不相干，非要说"一脉相通"那无异于瞪着眼睛说瞎话（图一二六）。好，我索性就在这上面做文章，让明眼人一看就知道我是在言不由衷。我于是写道："及至读了郭沫若同志的文章，说《丧乱帖》和《宝子》、《杨阳》等碑有

一脉相通之处，使我的理解活泼多了。"抓住这一点，我的思路果然"活泼"多了，四千多字的考辨文章当天写好了，题为《兰亭的迷信应该破除》。晚上阿英就派人取走，直接送到郭老家，郭老一看大为高兴，第二天（星期六）一大早就把稿子交给光明日报社，第二天（星期天）就见报了，可见它是一篇特稿。

过了几天郭老去找陈校长，他们二人住的不远，郭老住在什刹海，陈校长住在辅仁对面的兴化寺。郭老一见陈校长就高兴地说："你的学生启功真好，他说《兰亭序》是假的，很好，很好。"陈校长本来是主张《兰亭序》为真的一派，有的人向他请教应临什么帖的时候，他常向人推荐《兰亭序》，现在也只好微笑着捋着胡须跟着搭讪道："那是，他是专家嘛！"郭老乘机说道："你要不也写一篇？"陈校长应付道："我老了，眼睛不行了，写不了了，等恢复恢复再说吧。"算是搪塞了过去。过几天陈校长把我叫去，仍旧捋着胡子，笑眯眯地对我说："郭老夸你来着。"我问怎么回事，他说你问刘乃和。刘乃和就学了一遍，她一边说，我们一边大乐。乐完后陈校长又说："你以后要发表文章一定先给我看，要不然拿出去

一二六　王羲之《丧乱帖》与《宝子帖》、《杨阳帖》

发表，指不定捅什么娄子呢？"我连忙答应，但心里想：这种言不由衷的拍马屁文章拿给您看，您还不得气得噘胡子，能让我发吗？现在想起来，我非常得意我的"聪明"，找到了一个既能来个一百八十度大转弯的借口，又表明了我这个转弯完全是言不由衷的违心话，这就是："自从看了郭老的文章，说'二爨'和《丧乱帖》有一脉相通之处，我的理解就活泼多了。"从此也落下个话把，成为朋友间的笑谈，因为明眼人都读得懂后面的潜台词。一次我在西单旧书店遇到老朋友金协中，他被划右派后被王震将军调到新疆，算是保护下来。当时王震把很多右派都调到他的部下，如著名的诗人艾青，艾青后来曾跟我说："幸亏王震将军保护了我，要不然我活不到今天。"金协中见了我就打趣地说道："我的理解活泼多了。"说罢大笑。我对他说："你还缺德呢，要不是王震将军，你还能活到今天。"可见大家对这句话的意思都心照不宣。

现在想起来我当时也够胡说八道的了，但不这样写不行。有事实证明，不照着他们的意思确实过不了关。南京有一位叫高二适的人，与章士钊、林散之是好朋友，他大约不知内情，还把它当成纯学术问题，在读了郭老的文章后，首先写了一篇抗议文章，大意是说唐太宗为了这幅帖费了那么大的工夫去把它赚来，怎么会是假的？他把文章写好后交给了章士钊先生，章先生又转给毛主席，但毛主席没有表态。幸亏他是通过章士钊这条线上去的，否则贸然登报就不知是什么后果了。还有更确切的证据，后来把有关的文章编辑成《兰亭论辨》一书，其中的序果然明确指出赞成不赞成《兰亭序》是真是假是一场唯心史观和唯物史观的政治斗争。序中说："（《兰亭序》真迹说）经历代帝王重臣的竭力推崇和封建士大夫的大肆宣扬，视作不可侵犯的神物。……（郭沫若发表文章后）多数人支持他以辩证唯物主义的批判态度推翻历代帝王重臣的评定，但也有文章持相反的看法。……应当指出，这种争论反映了唯物史观和唯心史观的斗争。……"论辨集又把同意郭老的十几篇文章算作"上编"，把持不同意见的三篇算作"下编"，其中就包括高二适和章士钊先生的，批判的指向十分明显。但后来为什么没在这上面做更大的文章呢？可能是因为能参与这一论辨的圈子太小，毕竟只能是书法界有限的人，很难达到由此发动更大规模政治斗争的目的，既然失去政治意义，过了一阵也就偃旗息鼓了。后来他们果然找到了更好的目标，那就是《海瑞罢官》，从此点燃了"文化大革命"的"熊熊烈火"。幸亏"兰亭论辨"半道收场，如果由它闹下去，我就被卷进革命风暴的旋涡里，干系就更大，想拔都拔不出来了。这种拿学术讨论来钓政治鱼的手段实在是知识分子最害怕、最头疼的做法。后来我在编辑我的文集时坚决删去了这篇文章。

回顾我所写的学术文章，有我至今都觉得很得意的，也有个别文章现在看来错得一塌糊涂的。比如我曾在《诗文声律论稿》中有一节专谈《永明声律说与律诗的关系》，文章附会了传统的说法把"四声"、"八病"之说都归到沈约的身上，后来我仔细查对有关资料，证明这是对沈约的一种误会，为此我专门写了一篇《"八病"、"四声"的新探讨》文章，澄清了我的错误，以谢读者。后来我又发现我在有关文章中写的周兴嗣次韵千字文的问题也有根本性的错误，我是按"次韵"即步原有的诗韵来写作的传统观点理解的，于是费了好大劲去考察南北朝诗文中有哪些次韵的现象，现在我发现千字文的次韵只是按不同的韵把这一千个字编排出来而已，这"次韵"的"次"，只是"编次"的意思，与作诗步韵没有任何关系。我一定要抽时间再写

一篇文章，改正我的错误。

回顾我的一生，经历了很多波折，涉足了不少事业，也取得了一些所谓的成绩，但就以一些文章还存在错误和不足来看，我真正体会到为什么说要"活到老，学到老"。我现在九十二岁了，眼睛由于黄斑病变，几乎失明，字是写不了了，画更画不成了，我常说："祖师爷不再赏我这碗饭了，这是没办法的事。"但我力争做些力所能及的事。我目前还带着多名博士生，遇到必须写的东西，我就用高倍数的放大镜凑合写一点，有的就请别人帮我整理。回想一生，感慨良多，"诗言志"，我想就用我诗中的一些谈及人生体会的诗句作为这本书的结尾吧：

"劳他莺燕殷勤唤，逝水韶华去不留。"——这是我年轻时的诗句，年轻时代已经是那么遥远了。

"易主园林春几许。"——我一生经历过很多改朝换代的事情。

"莫问临芳当日事。"——清朝的灭亡是必然的，我并不留恋它。

"改柯易叶寻常事，要看青青雨后枝。"——改朝换代并不可怕，它正是历史的动力，新生活总要代替旧生活。

"幼时孤露，中年坎坷，如今渐老，幻想俱抛。"——这是我生活的真实写照。

学艺回顾

"岁月苦蹉跎","历史如长河,人各占一段,幸者值升平,不幸逢祸乱。"——我九十多年所经历的这一段既遇到很多暴风雨,也遇到暴风雨后的晴朗。

"绝似食橄榄,回甘历微苦。诗境与人生,大约全如许。"——回忆这一段生活自然有如打翻五味瓶,充满了酸甜苦辣各种味道,这并不是什么坏事,它说明了生活的充实。

"一句最凄然,过去由它吧。"——时代的车轮是不可阻挡的,大浪淘沙是历史的必然,但在江河流淌中自身出现的逆流和经历的险滩却是令人触目惊心的,它使经历者在回忆时心有余悸,在他们的心灵留下深深的创伤,但毕竟过去了,过多地纠缠毕竟无补于事,"放下为快",还是翻过这凄凉的一页吧。

"荣枯弹指关何意,寒燠因时罔溯源。"——那些凄然的经历给人们带来的荣辱毕竟是短暂的,至于它背后复杂的原因又都是我辈人无法澄清的。

"莫名其妙从前事,聊胜于无现在身。"——那场史无前例的"浩劫",确实曾让人感到人生社会的难以理解,究竟往事如烟还是往事并不如烟,有时让劫后余生的人百思不得其解,但好在人们还在顽强地生存着,我还侥幸地活着。

"衰荣有痕付刍狗,宠辱无惊希正鹄。"——古人曾提出要达到真人、至人的境界,我觉得能随时抛弃荣辱,真正做到宠辱无惊才是人生的最高境界。

"何必牢骚常满腹","自遣有方唯笑乐,人生难得是糊涂","多目金刚怒,双眉弥勒开。馀生几朝夕,宜乐不宜哀。"——为此人应该有乐观、达观的生活态度,郑板桥所说的"难得糊涂"绝不是苟且的遁词,人生、社会的很多事本来就是说不清的。

"直如矢,道所履。平如砥,心所企。""一拳之石取其坚,一勺之水取其净。"——但做人的方正廉直是必须的。

"学为人师,行为世范。"这是我受北师大委托所题写的校训,我自己要身体力行,作出表率。

"停来跛履登山展,振起灰心对酒歌。"——我确实也灰心过,但在这大好时代,我要重新抖擞精神,为我热爱的事业继续奋斗。

"尚争一息上竿头"——我虽然已经老了,但壮心不已的精神不能松懈。

"开门撒手逐风飞,由人顶礼由人骂。"——我扎扎实实地活着,我不在乎别人怎么看待我,历史会给我一个公正的评价。

后 记

早在十多年前，我就想协助启先生整理一本类似自传性质的书，但出于种种原因，其中包括启先生自己感到为难的原因，这一愿望始终未能及早实现。但我一直不甘心作罢。后来更多的人也有类似的呼吁，以至政协、文史馆、北师大等有关部门都很关心这件事。因为大家都深知这是一份宝贵的财产，启先生一生的经历并不是一个"个体"的经历，它折射了现当代很多历史的痕迹；如果推及他的家族，还能再现晚清以至近代史的很多片段，他的一生本身就是一部很好的历史教材。启先生又不是一个普通意义上的人，他是当代公认的文化名人、国学大师，就总体成就而言，绝不是随便一个时代随便就能出现的人才，如能把他的经历写出来，哪怕挂一漏万也是弥足珍贵的。

后来，有感于大家的殷切希望，启先生在九十一岁高龄的时候，改变了初衷，可惜此时目疾严重，体弱多病，已不能亲自执笔，他便花费大量的时间和精力，为我口述了他的经历。

听到他讲述家族从盛清到晚清以至民国的经历，我们会深感到清朝的兴衰是一种历史的必然，这种历史的轨迹可以从一个皇族的家史中得到生动的展现，很多原来只是一些概念性的认识，现在有了重要的实证，更何况还补充了史书上很多缺载的东西，这对了解清史和民国史很有帮助。

听他讲述自己出生后家族的种种不幸，我们会深感到一个家族在失去它的社会基础后会怎样地"家败如山倒"，这不仅是偶然事件的频发，而是命运的必然，这也许会使我们从另一种角度来反思一下家和国的关系。

听到他讲述自己辛勤学习和走入社会的过程，我们一方面会被他自强不息、顽强进取的精神所感动，一方面又不能不庆幸他遇到那么多的恩师、前辈和朋友，从而体会到一个成功者的背后会有多少人的支持，一座高峰的横空出世，往往要出现在很多的山峰之后。

当我们了解了他在"反右"和"文革"中的种种不幸之后，既会对那段历史的错误进行重新的反思，更能从他达观的生活态度和开阔的胸襟中汲取人生的智慧，学会在逆境中怎样积极地生存，变缺憾为完美。

当我们进一步了解到他学艺上方方面面的成就，我们就会更深刻的了解什么叫名家、巨匠，什么叫大师、国宝，什么叫通才、天才，什么叫"江山代有才人出，各领风骚数百年"。

是的，启先生的一生并没有投入到惊天动地的政治斗争的最前沿和时代旋涡的最中心，更没有亲身投入过战火和硝烟，即使划为右派也只是"莫须有"的阑入，他过的基本上是书斋的生活。他走的只是一个文人所走过的路，但这也是另